KOULU TAPPAA

Maarit Sirén

© 2015 Maarit Sirén
Kustantaja: BoD – Books on Demand, Helsinki, Suomi
Valmistaja: BoD – Books on Demand, Norderstedt, Saksa
ISBN: 978-952-318-953-9

ESIPUHE

Peruskoulujärjestelmää pidetään yhteiskunnassamme itsestäänselvänä instituutiona, jota ei helposti kyseenalaisteta. Kansalaisten oletetaan olevan kiitollisia ilmaisesta oikeudesta. Ongelma on siinä, että se ei ole oikeus. Se on velvollisuus eli pakko. Lisäksi järjestelmä sisältää koululaisten kannalta lukuisia muitakin ongelmia, väärinkäsityksiä ja ristiriitaisuuksia.

Tämä kirja perustelee miksi syksyksi 2016 suunnitteilla oleva opintosuunnitelman uudistus ei riitä ja miksi tarvitsemme nyt radikaalimman uudistuksen.

Koulusota on jo käynnistynyt. Tällä hetkellä on kaksi asiantuntijaleiriä, joista toinen haluaa tehdä järjestelmään pieniä muutoksia ja toinen muuttaa rakenteet kokonaan uusiksi. Sitten on vielä kolmas ryhmä, joka ei ole edes tietoinen että suomalainen peruskoulu on muutoksen tarpeessa. On hämmentävää edelleen kuulla kliseisiä kommentteja suomalaisen peruskoulun erinomaisuudesta, kun jo valtiovallan tasolla on myönnetty peruskoulun tarvitsevan muutosta. Viimeisimmässä kansainvälisessä koulutustapaamisessa kukaan ei enää ihaillut Suomea, vaan suomalaiset ihailivat monien muiden maiden kouluuudistusten rohkeutta.

Tervetullut kritiikki saatiin nyt kesällä 2015, kun Sitran rahoittama 31 asiantuntijasta koostuva Uusi koulutusfoorumi kritisoi voimakkaasti nykyistä ja suunniteilla olevaa opetussuunnitelmaa. Heidän raporttinsa nimeltä *Maa jossa kaikki rakastavat oppimista* kertoo miten radikaalisti peruskoulun täytyy muuttua jotta raportin nimi toteutuisi todellisuudessa.

Jokaisen suomalaisen lapsen on pakko suorittaa oppivelvollisuus. Koska järjestelmä pakottaa lapset osallistumaan, on järjestelmä luonnollisesti myös vastuussa lastemme hyvinvoinnista. Tällä hetkellä se ei huolehdi vastuustaan. Useiden tutkimusten mukaan suurin osa suomalaisista koululaisista kärsii koulupahoinvoinnista. Aikuisten työuupumuksesta on jo pitkään oltu huolissaan, mutta ei lasten.

On tullut aika hajottaa suomalainen peruskoulujärjestelmä ja rakentaa se kokonaan uudelleen. Tähän on löydyttävä rohkeutta viimeistään nyt tai muutoin järjestelmä tulee kaatumaan omaan mahdottomuuteensa. Peruskoulun pakkoon perustuva opetussuunnitelma on korvattava vapaavalintaisten opintojen järjestelmällä, jos haluamme koululaistemme innostuvan oppimisesta. Ilman tätä muutosta peruskoulumme ei ole muuta kuin orjalaitos.

Toivon, että tämä kirja herättä oivalluksia, pohdiskelua ja rohkeutta toimia koululaistemme puolesta.

KOULULAISTEN TAPPAJAT

Ongelmana eivät ole ihmiset, vaan heidän luomansa
järjestelmät. Ihmiset ovat kehittyneet, mutta järjestelmät
ovat pysyneet takapajuisina. Väärät järjestelmät tuottavat
kärsimyksiä hyville ihmisille.

— Enrique Barrios -

SUUNNITTELIJAT JA PÄÄTTÄJÄT

Meillä on hyvä koulu eilistä varten. Se ei ole tätä päivää eikä tulevaisuutta varten.

- Tiina Silander, Jyväskylän opettajankoulutuksen johtaja -

Viime vuosina on havahduttu todellisuuteen, jossa suomalaisten koululaisten oppimistulokset laskevat ja koulupahoinvointi kasvaa. Tosin on edelleen niitäkin suomalaisia, jotka hehkuttavat peruskoulujärjestelmän olevan parasta, mitä Suomella on tarjota, mutta he eivät selvästikään ole selvillä nykyisestä tilanteesta. Vaikka tosiasiat on nyt tunnustettu, hyvin harva ymmärtää mistä tämä kaikki johtuu.

Vastaus on yksinkertainen ja looginen. Sitä kuvaa parhaiten Taloustutkimuksen tekemä arvo- ja asennetutkimus 15-79-vuotiaille suomalaisille. Talouselämä-lehti analysoi tulosten perusteella, että nuorimpien ja vanhimpien suomalaisten arvomaailmat ovat kuin yö ja päivä. Siinä missä vanhimpien ihmisten sukupolvi arvostaa kurinalaisuutta ja työkeskeistä kulttuuria, nuorimmat sukupolvet arvostavat liberaaliutta, elämyksellisyyttä ja rohkeutta eivätkä he kunnioita perinteisiä instituutioita. Lehti myös toteaa, että koska ihmisen arvot eivät muutu merkittävästi varhaisaikuisuuden jälkeen, nykyisten nuorten edustamat arvot siirtyvät heidän mukanaan tulevaisuuteen ja näin mullistavat koko yhteiskunnan arvoperustan.

Syy koululaisten muutokseen johtuu siis siitä yksinkertaisesta mutta suuresta syystä, että heidän sukupolvensa asenteet ovat erilaiset kuin muilla sukupolvilla. Asenteet ovat muuttuneet pikkuhiljaa sukupolvi sukupolvelta. Ongelmat ovat alkaneet tiivistyä vasta viime vuosina siksi, että uudet arvot ja asenteet ovat ylittäneet kriittisen massan. Suomessa on nyt riittävän suuri määrä koululaisia, jotka asenteellaan osoittavat että me emme enää suostu tähän, tämä ei palvele meidän arvoja, te ette voi pakottaa ja orjuuttaa meitä. Aikaisempia sukupolvia on ollut helppo mankeloida järjestelmän läpi, koska he ovat olleet nöyristeleviä ja kuuliaisia. Se on heidän sukupolvilleen itsestäänselvä asenne. Nykynuorten asenne on täysin erilainen. Se ei ole enää alistuva, vaan rohkea ja oikeutensa tiedostava. He eivät opiskele opettajien ja yhteiskunnan mieliksi, jos se ei heitä itseään kiinnosta.

Viime aikoina kouluista on kerrottu, kuinka vakavaa oppilaiden ja henkilökunnan uupumus on. Oppilaiden usko koulunkäynnin merkitykseen on hiipunut. Merkittävämpää on kuitenkin peruskoulujärjestelmän kyseenalaistaminen myös yhä useamman opettajan ja rehtorin taholta. Peruskoulu-uudistuksen suunnittelijoille on esitetty vaatimus, että muutoksen on oltava niin suuri, että suomalaiset koululaiset alkavat viihtymään koulussa ja nauttimaan opiskelusta. Uudistuksessa oppilaan oma kiinnostus täytyy olla tärkein asia. Tällä hetkellä tilanne on se, että koululaiset oppivat enemmän koulun ulkopuolella kuin koulussa.

Tutkimustulosten ja peruskoulujärjestelmän nykytilan perusteella ennustan, että seuraavan kahdenkymmenen vuoden sisällä pakollisten aineiden oppivelvollisuus on muuttunut valinnaisten aineiden vapaaehtoiseksi oppioikeudeksi. Koko koulurakenne tulee muuttumaan radikaalisti. On käännettävä opiskelu ylösalaisin nykyisestä tilanteesta. Oppilas pyytää opettajaa opettamaan asioita, jotka häntä kiinnostavat. Mitään ei määrätä ylhäältäpäin.

Valtiovarainministerimme sanoi taloutilanteestamme, että kyseessä ei ole suhdanneongelma, vaan rakenteellinen ongelma. Samalla tavalla voi sanoa peruskoulujärjestelmästämme, että kyseessä ei ole suhdanneongelma, vaan rakenteellinen ongelma. Siksi on käsittämätöntä, että nykyisellä opetussuunnitelma-uudistuksen työryhmällä ei ole edes tarkoitus muuttaa peruskoulujärjestelmän rakenteita vaan viilata nykyistä.

Rakenteiden kaatamiseen ja uudelleen ideoimiseen löytyisi riittävästi uudistusmielisiä pedagogeja. Vielä ei ole myöhäistä vaihtaa ihmisiin, jotka ymmärtävät peruskoulujärjestelmän ongelmien vakavuuden ja tietävät ratkaisun niihin. Kysymys kuuluu: halutaanko tulevaisuuden kouluamme suunnittelemaan menneisyyden vangit vai edelläkävijät?

Jos suunnittelijat ja päättäjät eivät suostu näkemään tätä pinnan alla kytevää asennemuutosta, vaan edelleen pitävät kiinni nykyisesti rakenteesta, peruskoulujärjestelmä tulee kaatumaan. Viimeistään nyt on rankan koulu-uudistuksen aika. Muutokset, joita on suunniteltu vuodelle 2016, eivät enää riitä. Tulevat sukupolvet ottavat lapsensa pois koulusta, jos he huomaavat että koulu ei palvele heidän lapsiaan. Tämän päivän 15-24-vuotiaat ovat koulun aloittavien lapsien huoltajia seuraavien 20 vuoden aikana. Kun tämä instituutioita kumartamaton rohkea sukupolvi miettii lapsiensa kouluvaihtoehtoja, he eivät valitse perinteistä peruskoulujärjestelmää, jos sitä ei siihen mennessä ole muutettu radikaalisti.

PAKOTTAMINEN

Tahdonko oikeasti vai tahtooko joku että tahdon?

- Maija Paavilainen -

Peruskoulujärjestelmän lähtökohta on skitsofreninen. Se käyttää metodia, joka ei motivoi oppimaan. Se ei käytä metodia, joka motivoisi oppimaan.

Metodi, jota koulu käyttää, on pakottaminen. Pakko ei koskaan motivoi. Järjestelmä määrää mitä, miten, milloin ja miksi asioita täytyy tehdä. Järjestelmä luottaa siihen, että vaikka oppilaan oma kiinnostus puuttuukin, hän toimii rangaistuksen pelossa tai auktoriteettien mieliksi.

Metodi, jota koulu ei käytä, johtaa aitoon kiinnostukseen eli sisäiseen motivaatioon. Se syntyy omien valintojen kautta.

Sisäisen motivaation puuttuminen jakautuu vielä kahteen osaan. Ensinnäkin oppivelvollisuus jo sinällään estää sisäisen motivaation koska opiskelu on pakollista. Toiseksi, valinnanmahdollisuuksien puuttuminen vähentää motivaatiota entisestään. Peruskoulu perustuu ajatukselle, että kaikki oppivelvolliset ovat klooneja keskenään. Se on sama kuin kaikissa autokaupoissa myytäisiin ainoastaan oransseja ladoja. Vaikka kuinka mielenkiinto ja persoona sopisi paremmin mustaan audiin, harmaaseen hondaan tai vaaleanpunaiseen morris miniin, ajavat kaikki oranssilla ladalla. Suurin osa oppiaineista ja aihekokonaisuuksien sisällöistä on kaikille yhteisesti pakollisia. Oppilaalla on hyvin vähän mahdollisuuksia valita. Kaikkien tunkeminen samaan sapluunaan aiheuttaa yksilössä tuhoavia seurauksia, koska koulun vaatimukset ovat ristiriidassa yksittäisen oppilaan lahjojen ja mielenkiinnon kohteiden kanssa.

Jo kaksikymmentä vuotta sitten oli käytettävissä tutkimustietoa siitä, mitä koulun käyttämä ulkoinen motivaatio eli pakottaminen aiheuttaa oppilaille. Seurauksena oli oppimisen ilon kadottaminen, tiedon mielekkyyden katoaminen ja oppilaiden itseluottamuksen katoaminen. On järkyttävää, että oppiminen peruskoulussa perustuu vielä tänäkin päivänä tähän metodiin. Sisäisen ja ulkoisen motivaation eroa ei vieläkään ymmärretä opetuksen suunnittelussa ja päätöksenteossa.

Peruskoulu- ja lukioaikanani haaveilin kaikki historian tunnit. Historian opinnot eivät kiinnostaneet minua lainkaan. En kuunnellut, en lukenut. Pahimmillaan pääsin armovitosella kurssin läpi. Vasta nyt keski-ikäisenä minussa on syttynyt kiinnostus historiaan. Katson maailman menoa ja sitä kautta minulle herää kysymyksiä, joihin etsin vasta nyt vastauksia historian kautta. Sisäinen motivaationi historian opiskeluun on herännyt yli kaksikymmentä vuotta sen jälkeen kun minua turhaan yritettiin pakottaa kiinnostumaan siitä.

Miksi yhteiskuntamme tuhlaa tällä tavalla satojen tuhansien opettajien ja oppilaiden aikaa? On täysin hölmöläisten hommaa, että turhautunut opettaja yrittää opettaa turhautunutta oppilasta väkisin ja ilman tuloksia. Jokaisen pitäisi saada opiskella kutakin asiaa juuri silloin kun aito uteliaisuus herää.

Moni haluaa perustella kiinnostamattomien asioiden opiskelua mukavuusalueen ylittämisellä. Tämä muotitermi on kuitenkin liian usein väärin ymmärretty. Se ei tarkoita, että tekee jotain mihin ei ole motivaatiota, vaan mukavuusraja ylitetään siinä, mihin on jo motivaatiota. Matkailusta pitävä ylittää mukavuusrajan silloin kun hän Kanarian saarten valmismatkan sijaan lähtee reppureissulle Syyriaan.

ORJUUS

Missä tahansa ihminen on vastoin tahtoaan, se on hänelle vankila. - Epiktetos -

Suomalainen peruskoulu on pakkolaitos. Se on laitos, joka rangaistuksen uhalla on pakollinen. Pakolle on hämäävästi keksitty harhaanjohtava termi velvollisuus.

Kansalaisia manipuloidaan kertomalla koulun olevan ilmainen oikeus, josta pitäisi olla kiitollinen. Ensimmäinen ongelma on siinä, että ei voi eikä tarvitse olla kiitollinen jostain mitä ei ole koskaan halunnutkaan. Toinen ongelma on termeillä hämääminen. Velvollisuuden eli pakon muuttaminen puheissaan oikeudeksi on valheellista harhaanjohtamista. Velvollisuus ja oikeus ovat täysin eri asiat.

Eroa kirkosta - ja Eroa armeijasta -kampanjat ovat vaikuttaneet kansalaisiin saaden monet eroamaan näistä aiemmin pyhinä pidetyistä instituutioista. Myös EU on viime aikoina saanut miljoonat ihmiset epäilemään koko instituution olemassaolon järkevyyttä. On ihmeellistä, että samankaltaista instituutiota eli koulua kohtaan ei ole uskallettu hyökätä yhtä suurin panoksin – vielä.

Ihmisoikeuksien yleismaailmallisen julistuksen kolmas artikla muistuttaa, että jokaisella yksilöllä on oikeus elämään, vapauteen ja henkilökohtaiseen turvallisuuteen. Neljäs artikla kieltää kenenkään pitämistä orjuutettuna.

Suomen valtio rikkoo ihmisoikeuksien kolmatta ja neljättä artiklaa. Se riistää lapsilta ja heidän huoltajiltaan vapauden valita kuinka lapsi opiskelee ja elää elämänsä ikävuosien 6-16 välillä. Edes kotiopetuksen valitseminen ei poista tätä rikosta, sillä vaikka kotiopetuksessa voidaankin valita miten ja milloin opiskellaan, se ei anna vapautta valita mitä lapsi opiskelee.

Lääkäri ja fysiologian emeritusprofessori Matti Bergström kirjoittaa kirjassaan *Lapsi – viimeinen orjamme*, että koululainen on tämän päivän orja. Mielikuva orjuudesta on useimmiten fyysiseen työhön pakottamisesta, mutta virallisen orjuuden aikana oli myös tieto-orjia, jotka pakotettiin samanlaiseen työhön kuin nyt koululaiset.

Oppivelvollinen on käytännössä orja. Orjan on pakko työskennellä. Oppivelvollisen on pakko työskennellä. Orja ei voi itse valita työtehtäviään. Oppivelvollinen ei voi itse valita työtehtäviään. Orja ei voi itse valita miten ja milloin hän työskentelee. Oppivelvollinen ei voi itse valita miten ja milloin hän työskentelee. Orjan työstä kieltäytymisestä seuraa rangaistus. Oppivelvollisen työstä kieltäytymisestä seuraa rangaistus. Orja jää ilman palkkiota. Oppivelvollinen jää ilman palkkiota.

Ihmiset kauhistelevat maailmalla teetettävää lapsityövoimaa, mutta ketään ei järkytä vastaava ongelma peruskoulujärjestelmässä. Lapsi tehtaassa mattoa väkertämässä tai lapsi koulussa kaunokirjaimia väkertämässä on siinä mielessä täysin sama asia, että kumpikin on pakotettu sinne.

Vapauteen liittyvä epäoikeudenmukaisuus ilmenee myös lasten ja aikuistan välillä. Aikuisen ei ole pakko mennä töihin, oppivelvollisen on. Aikuisella on pääsääntöisesti oikeus valita itselleen sopiva ja kiinnostava työtehtävä, oppivelvollisella ei ole. Aikuinen voi irtisanoutua työstään, oppivelvollinen ei.

ARVIOINTI

Päätelkää itse, kuulutteko eilisen orjiin vai huomisen vapaisiin ihmisiin. - Kahlil Gibran -

Arviointi tappaa sisäisen motivaation. Siksi kokeista ja todistuksista täytyy luopua kokonaan. Ihmiset luulevat että ne itsestäänselvyyksinä kuuluvat kouluihin, mutta tämä on ainoastaan järjestelmän taitavan manipuloinnin ja kyseenalaistamiskyvyn puutteen tuottama käsitys. Kun jokin systeemi on pyörinyt riittävän kauan, totumme siihen niin, ettemme enää kykene näkemään vaihtoehtoja.

Vaihtoehtoisessa järjestelmässä oppilas ei opiskele arvosanoja varten, vaan oppiakseen asioita. Nykyisen järjestelmän vuoksi kokeisiin lukemisen motiivi ei ole uuden oppiminen vaan koenumero, jonka varsinainen motiivi on kyseisen vuoden todistusnumero, jonka varsinainen motiivi on päättötodistuksen numero, jonka varsinainen motiivi on lukioon tai ammattikouluun pääsy. Tässä oravanpyörässä oppilaan motiivi ei missään kohtaa ole oppia, oppimisen ilosta puhumattakaan, vaan ainoastaan paniikissa haalia numeroita. Tämä jatkuva stressille altistaminen lapsuudessa ja nuoruudessa on yksi koulupahoinvoinnin aiheuttaja.

Jotkut opettajat ovat ilahduttavasti keksineet vaihtoehtoja perinteisten kokeiden tilalle, mutta useimmat opettajat turvautuvat edelleen laiskuuttaan, ymmärtämättömyyttään tai välinpitämättömyyttään perinteisiin kokeisiin, jotka testaavat pääasiassa vain lyhytkestoista muistia. Jos opettaja menisi kymmenen vuoden kuluttua kysymään oppilailta kokeeseen päntättyjä asioita, lähes kaikki tieto olisi haihtunut taivaan tuuliin.

Koululaisilla on oikeus saada arviointijärjestelmä, jossa he eivät opiskele numeroiden vuoksi, vaan siitä syystä mikä sen kuuluukin olla eli oppimista itsensä vuoksi. Tämä järjestelmä on erittäin yksinkertaista toteuttaa.

Lukioon ja ammattikouluun hakeville on pääsykoe, jossa ei katsota peruskoulun päättötodistusta, vaan testataan kouluun tarvittavat tiedot, taidot, persoonallisuus ja motivaatio. Sama muutos voidaan tehdä korkeakouluihin ja yliopistoihin. Näin ollen peruskoulun todistuksia ja kokeita ei tarvita lainkaan. Oppilaan taidot, tiedot ja sopivuus alalle tulevat esille lukion tai ammattikoulun näyttökokeissa, esseevastauksissa, haastattelussa tai psykologisissa testeissä.

Sama systeemi on jo käytössä edistyneissä yrityksissä. Eivät he todistuksia tuijota, vaan teettävät psykologiset testit ja selvittävät mitä hakija osaa tehdä. Vanhanaikaisissa työpaikoissa, kuten kouluissa, valitaan edelleen se jolla on parhaat arvosanat todistuksessa. Viis siitä ymmärtääkö opettaja miksi pikkusofia ei opi matematiikkaa. Pääasia että opettajalla on gradusta laudatur.

Yksi ongelma päättötodistuksen numeroissa on se, että ne eivät ole keskenään verrannollisia. Hyvänä esimerkkinä on entisen kollegani numerobingo. Hän kertoi, että numeron 4 ansaitseva oppilas saa numeron 6 siksi että hän on niin säälittävä ja vastaavasti numeron 7 arvoinen oppilas saa myös numeron 6 siksi hän on niin ärsyttävä. Koulujen arviointitaulukoissa sanotaan että tuntiaktiivisuus saa vaikuttaa yhden numeron alas- tai ylöspäin verrattuna kokeisiin ja muihin näyttöihin. Opettajat ovat käyttäneet tätä ohjetta väärin antaen myös oppilaan persoonan vaikuttaa arvosanaan.

Opettaja Maarit Korhonen moittii järjestelmää kertomalla, että esimerkiksi käsistään taitava ei ikinä pääse opiskelemaan omaa alaansa, ellemme lopeta todistusten keskiarvojen tuijottamista. Hän kysyy että jos haluaa fantastisen puuveneen, niin mitä väliä sillä on jos veneen tekijällä oli äidinkieli 6 ja ympäristöoppi 5?

Järjestelmä mahdollistaa siis sen että esimerkiksi puusepän opintoihin pääsee hän, jolla on hyvät todistusnumerot ja surkeat veistotaidot. Vastaavasti ei pääse hän, joka on loistava veistäjä, mutta jolla on huonot todistusnumerot. Todistuspaperilla voi pyyhkiä persettä, kun rakentaa venettä tai tuolia. Ei niitä numeroilla rakenneta, vaan pelkällä taidolla ja motivaatiolla. Näin idioottimaisesti systeemi kuitenkin toimii. Jos hyvä onni käy, koulun hylkäämä nuori pääsee työpajaan, jossa hänen lahjansa huomataan. Huonon onnettaren korteilla kukaan ei koskaan huomaa hänen lahjojaan – ei edes hän itse. Lopulta vasta taivaan porteilla pyhä Pietari kertoo, että sinusta olisi tullut loistava veneen rakentaja, joten surullista että ainoa mitä rakensit oli tyhjien viinapullojen kasa.

Uusi koulutus -foorumi vaatii jokaista luokanopettajaa löytämään jokaisesta oppilaasta jonkin asian, jossa oppilas on kympin arvoinen. Jos opettaja ei löydä jostakin oppilaasta mitään kympin arvoista, vika on opettajan, ei oppilaan.

Opettajat painottavat liikaa arvosanojen ja varsinkin ylioppilaskokeiden merkitystä tulevaisuuden kannalta. Miten heillä on tähän pokkaa, kun emme tiedä tulevaisuutta edes viiden vuoden päähän. Viiden vuoden kuluttua tärkein taito voi olla se miten ydinsodasta selvinneenä pyydystät, nyljet ja paistat rotan.

Nykyinen arviointi ohjaa tavoittelemaan numeroita oppimisen sijaan. Eräs kemianopettaja kertoi uutena opettajana tajunneensa, että oppilaat oli manipuloitu suorittamaan vain opettajia ja arvosanoja varten. Oppilaille oli uusi oivallus että oppiminen tapahtuukin itseä varten. Tämä tuli esille kun hän antoi oppilaidensa valita vaihtoehdoista kulloinkin kiinnostavimman aiheen ja päättää itse opiskelutahdista. Oppilaat eivät yhtäkkiä osanneetkaan toimia oma-alotteisesti, koska muut opettajat olivat totuttaneet heidät päinvastaiseen.

Tämä esimerkki kertoo miten järkyttävän virheellinen käsitys koululaisillamme on opiskelun syistä. Vika ei tietenkään ole oppilaiden, vaan järjestelmän. Jos maamme koulutussuunnittelijoilla ja -päättäjillä on ollut tavoite tuottaa lisää orjia yhteiskuntaamme, niin onneksi olkoon. Tavoitteenne on toteutunut. Teillä on hallittavina muurahaisia, jotka tekevät mitä kuningatar käskee. Omaa aivotoimintaa ei ole. Kyseenalaistamisen kykyä ei ole. On ainoastaan manipuloitu kansa, josta ei tarvitse pelätä että se ryhtyy vallankumoukseen.

PAHOINVOINTI

Ei ole terveyden mittapuu olla sopeutunut sairaaseen yhteiskuntaan. - Krishnamurti -

Monet kansainväliset tutkimustulokset osoittavat että suomalaisten oppivelvollisten kouluviihtyvyys on heikko. Professori Lasse Kannaksen sekä WHO:n ja Unescon kansainvälisissä tutkimuksissa Suomi on lähes viimeisenä, kun oppilailta kysyttiin pitävätkö he koulunkäynnistä.

Jotkut sanovat, että koulussa ei tarvitse viihtyä, koska se ei ole mikään huvipuisto. Koulu ei tosiaankaan ole huvipuisto, sillä huvipuistoon mennään vapaaehtoisesti. Jopa vangit ovat siinä suhteessa vapaammassa asemassa että he ovat omalla toiminnallaan aiheuttaneet sen, että ovat joutuneet vankilaan. He ovat lakia rikkoessaan tehneet tietoisen valinnan. Oppivelvollinen on seitsemänvuotiaana tuomittu pakkolaitokseen ilman rikosta.

Anne Konu on väitöskirjatutkimuksessaan *Oppilaiden hyvinvointi koulussa* todennut, että oppilaiden koulutyytymättömyyteen täytyy suhtautua vakavasti, sillä se on yhteydessä yksilölliseen hyvinvointiin. Tämä on tulkittavissa niin, että koulutyytymättömyys heijastuu myös koulun ulkopuolelle. Konu myös muistuttaa, että tiedolliset tavoitteet toteutuvat ainoastaan jos yleisestä hyvinvoinnista huolehditaan. Ensin on siis huolehdittava, että oppilailla on hyvä olo koulussa. Vasta sen jälkeen voi tarjota mahdollisuutta oppimiseen. Psyykkinen hyvinvointi ei voi toteutua opiskeluun pakotettuna.

Tähän asti on uskottu, että oppilaan kotiolot heijastuvat kouluun, mutta nyt on herätty huomaamaan, että syy ja seuraus kulkevat myös toisinpäin. On vihdoin hyväksyttävä totuus, että koulu on lapsen psyykkisen pahoinvoinnin aiheuttaja.

Moni aikuinen on sairastunut työuupumukseen, mutta edelleenkään ei puhuta koululaisten työuupumuksesta yhtä laajasti kuin se edellyttäisi. Kun aikuinen uupuu työssään, hän hakee sairaslomaa tai lopettaa työnsä. Kun lapsi uupuu työssään, hänen uupumukseen ei suhtauduta vakavasti. Useiden tutkimusten mukaan suurin osa suomalaisista koululaisista kärsii koulupahoinvoinnista, mutta kuinka monen koululaisen olette kuulleet sanovan, että hyppäsin pois oravanpyörästä tai sain kahden kuukauden sairasloman?

Matti Bergström tutki työssään koulun aiheuttamaa tuhoa lapsen aivojen kehityksessä. Suomalaisen peruskoulun suuren informaatiomäärän vuoksi aivot kehittyvät liian epätasapainoisiksi painottaen liikaa vasenta aivopuoliskoa. Aivot tarvitsevat tasapainoisesti sekä vasemman että oikean aivopuoliskon toimintaa. Koulu painottaa vasenta aivopuoliskoa eli rationaalisuutta, järkeä ja logiikkaa oikean aivopuoliskon eli mielikuvituksen, luovuuden ja intuition kustannuksella.

Oikean aivopuoliskon tyhjiö on helpointa ja nopeinta täyttää päihteillä, väkivallalla ja kaaoksella. Tästä loogisesta syystä Bergström näkee monet yhteiskuntamme ongelmat koulujärjestelmän aiheuttamiksi. Bergströmin lisäksi monet muutkin lääketieteen ja pedagogiikan ammattilaiset ovat tuoneet esille tämän saman logiikan. Bergströmin mielestä koulun aiheuttama vaatimusten liikakuormitus johtaa myös informaatiovihamielisyyteen, jonka jälkeen se lopulta laajenee vihamielisyyteen yhteiskuntaa, työtä ja lakeja kohtaan.

Opettajat ovat lahjakkaita markkinoimaan logiikkaa, jossa koulumenestys johtaa automaattisesti elämässä menestymiseen ja hyvinvointiin. He korostavat arvosanojen merkitystä väittäen että hyvät arvosanat johtavat hyvään opiskelupaikkaan, hyvä opiskelupaikka hyvään työhön ja hyvä työ hyvään elämään. Totuus on, että opinnoissa menestymisellä ei ole yhteyttä työelämässä menestymiseen eikä kokonaisvaltaiseen hyvinvointiin. Kympin oppilaasta ei tule menestyneempää eikä onnellisempaa kuin vitosen oppilaasta. On olemassa myös lukematon määrä aikuisena menestyneitä henkilöitä, joiden peruskoulu on sujunut heikosti.

Kun kuuden laudaturin ylioppilas tappaa itsensä, haluan että opettaja kertoo ruumisarkun vieressä miten hyvät arvosanat ovat automaatio onnistuneeseen elämään.

Koulun vaatimukset ja rangaistukset aiheuttavat oppilaissa usein kapinaa tai apatiaa. Mikäli oppilas kokee uhkaa itsemääräämisoikeudelleen, vastarinta voimistuu. Kun oppilas huomaa, että vastarinta ei auta vaan siitä rangaistaan, seuraa alistuminen systeemin pakottamaan tahtoon. Alistumisesta seuraa useimmiten apatia, masennus ja henkinen väsymys.

Kapina on terveempi vaihtoehto, vaikka koulujärjestelmä näkee asian juuri päinvastoin. Vankilassakin ollaan eniten huolissaan hiljaisista ja rauhallisista vangeista. Kapinoivista vangeista tietää jo etukäteen että he tulevat pärjäämään vankilan ulkopuolellakin. Hiljainen apatia on huolestuttavampaa kuin kapina. Opetin vuosia sitten luokkaa, joka oli kokonaisuudessaan täysin mykkä ja masentunut. Kyse oli tavallisesta yläasteen luokasta. Ensimmäisellä tunnilla oletin, että luokan sisällä on tapahtunut jotain surullista enkä alkanut utelemaan. Kun sama tilanne jatkui viikosta toiseen, kysyin asiasta kollegoiltani. He totesivat, että eikö olekin ihanan helppo luokka. Apaattinen luokka ei siis ollutkaan heidän mielestään huolestuttava, vaan helppo. Olin järkyttynyt tästä asenteesta. Kun toisessa ryhmässä opetus keskeytyi jatkuvasti oppilaiden heittämään huumoriin, iloitsin. Ajattelin, että nämä oppilaat ovat sentään elossa sen sijaan että luokan yllä leijuu piinaava joukkoitsemurhan tunnelma.

Filosofian tohtori Frank Martela on päätynyt neljään tekijään, jotka vaikuttavat hyvinvointiimme ja onnellisuuteemme. Martela muistuttaa, että nämä eivät ole yksin hänen keksimiään, vaan sadat tutkimukset ovat päätyneet samoihin tuloksiin. Onnellisuuden tekijät ovat omaehtoisuus, kyvykkyys, yhteisöllisyys ja hyväntahtoisuus. Toisilla termeillä ilmaistuna ne ovat vapaus, virtaus, vastuu ja auttaminen. Omaehtoisuus tarkoittaa sitä, että ihminen on vapaa päättämään itse tekemisistään. Kyvykkyys viittaa ihmisen optimaaliseen mahdollisuuteen käyttää omia kykyjään ja lahjojaan. Parhaimmillaan kykyjen käyttö yhdistettynä omaehtoisuuteen eli vapauteen johtaa flow-tilaan, jossa henkilö on täydellisen keskittyneenä tekemiseensä unohtaen ajan ja paikan. Yhteisöllisyyden tukiessa hyvinvointia koemme olevamme osa kannustavaa, turvallista ja lämminhenkistä yhteisöä. Hyväntahtoisuus eli auttaminen on myös todettu onnellisuutta lisääväksi.

Nämä hyvinvoinnin tekijät pätevät luonnollisesti myös lapsiin. Miten ne toteutuvat koulussa? Omaehtoisuus ei toteudu lainkaan, koska kaikki on ylhäältäpäin määrättyä eikä oppilaalla ole vapautta valita. Kyvykkyys toteutuu ainoastaan joidenkin kohdalla silloin tällöin. Yhteisöllisyyden hyvinvointia lisäävä kokemus riippuu täysin opettajan, muun henkilökunnan ja muiden koululaisten luomasta ilmapiiristä, joten se on täysin sattumanvaraista. Hyväntahtoisuuteen kasvattaminen on myös täysin sattumanvaraista opettajasta ja rehtorista riippuen.

Näin ollen satojen tutkimusten perusteella peruskoulujärjestelmä luo oppilailleen vain pienen murusen hyvinvointia ja onnellisuutta. Tämä korreloi kaikkien niiden tutkimusten kanssa, jotka kertovat suomalaisten koululaisten koulupahoinvoinnista.

Jossain vaiheessa opettajavuosiani esitin itselleni vakavia kysymyksiä. Haluanko olla osa järjestelmää, joka pakottaa lapsia sellaiseen, joka ei heitä kiinnosta tai jota he eivät osaa? Haluanko olla osa järjestelmää, joka rankaisee, arvostelee ja tuhoaa liian monien itsearvostuksen?

Valitettavasti koulujärjestelmän lisäksi syyllisiä ovat monet lasten huoltajat. Isät ja äidit. Suomessakin. He kasvattavat lastaan ehdollisella rakkaudella. Ehdollinen rakkaus tarkoittaa huoltajien rakkautta lastaan kohtaan ainoastaan silloin kun lapsi täyttää vanhempiensa odotukset. Huoltajat usein tiedostamattaan viestittävät lapselleen, että häntä rakastetaan ainoastaan tiettyjä ehtoja vastaan. Tällaisia ehtoja ovat esimerkiksi menestyminen koulussa ja harrastuksissa. Huoltajat eivät yleensä tiedosta tätä ongelmaksi, vaan päinvastoin saattavat kuvitella tekevän sillä palveluksen lapselleen.

Esimerkkinä on oppilas, joka tuo kotiin kokeen, josta on saanut arvosanan viisi. Vanhemmat ovat vihaisia ja pettyneitä. He saattavat kuvitella näin auttavansa lastaan parempaan suoritukseen. Todellisuudessa he luovat näin lapselle pelon ilmapiirin. Lapsi tunnetasolla yhdistää heikon koenumeron ja vihan. Hän ei pysty tiedostamaan sitä, mutta alitajuisesti hän ymmärtää että häntä rakastetaan vain kun hän menestyy. Hän kokee olevansa yhtä kuin tuo koenumero. Lapsen mielessä menestyminen tai menestymättömyys ei saisi koskaan kytkeytyä siihen, mikä on hänen arvonsa ihmisenä eikä siihen miten paljon häntä rakastetaan.

Koepaperin numero ei ole minkään arvoinen. Lapsi on arvokas. Numeroilla ja todistuksilla ei ole merkitystä lapsen tulevaisuuden kannalta. Vaikka hän kiikuttaisi kotiin pelkkiä nelosia, hän ansaitsee huoltajiensa rakkauden ja kunnioituksen. Jos pelkää, että lapsi ei menesty tulevaisuudessa huonojen numeroiden vuoksi, pelkää turhaan. Koulussa ja elämässä menestymisellä ei ole yhteyttä. Eikö tärkeintä ole kasvattaa onnellinen ihminen, joka arvostaa itseään ja muita? Se riittää. Kokeet ja todistukset voi heittää tuleen. Ne eivät kerro elämästä eivätkä ihmisyydestä mitään.

Kasvatustieteen professori Kari Uusikylän mukaan vanhempien kunnianhimosta lastensa kustannuksella seuraa murrosikäisiä mielenterveyspotilaita. Hän on huolissaan huoltajien mieliksi suorittavista lapsista. Uusikylä kirjoittaa, että meillä on aivan liikaa menestyspaineiden murtamia nuoria. Monet huoltajat suostuvat mihin tahansa taatakseen lapsensa menestyksen. Lasten suoritushelvetit eivät ole vain maailmalla, vaan myös meidän silmiemme edessä.

Lapsen tulevasta menestyksestä salaa unelmoivat vanhemmat kuljettavat lastaan harrastukseen toivoen että juuri hän tulee olemaan kaikkien ihailema tulevaisuuden talentti. On hyvin yksinkertainen testi selvittää, tekeekö harrastus lapselle hyvää vai pahaa: kysyä lapselta itseltään haluaako hän jatkaa kokeilemaansa harrastusta vai ei. Intuitiokykyiset huoltajat kyllä huomaavat tämän kysymättäkin. On sadistisen itsekästä vaatia lastaan harrastamaan jotain, mitä lapsi itse ei halua. Olen kuullut monta surullista tarinaa erilaisten harrastusten ohjaajilta, kuinka lapset ovat kertoneet että eivät halua jatkaa harrastustaan, mutta isä tai äiti ovat vaatineet jatkamaan. Jos harrastus on isälle tai äidille tärkeä, niin menköön itse sitä harrastamaan.

Ortopedian ja traumatologian erikoislääkäri Aki Hintsa varoittaa, että jos suorittaminen on ainoa tavoite, se alkaa vähitellen asettua itseään vastaan. Hänellä on asiakkaina loppuun palaneita huippuammattilaisia, joiden elämän ainoa sisältö on ollut menestyksen tavoittelu. Suorituspaineet ovat lopulta tuhonneet jopa kyvyn automaattisiin perustoimintoihin. Hullunmylly tavoitteineen, suorituksineen ja täysine kalentereineen ajaa ennemmin tai myöhemmin katkeamispisteeseen – niin aikuisen kuin lapsenkin, niin kotona kuin koulussakin.

Lääke on yksinkertainen. Tee sitä, mikä tekee sinut onnelliseksi. Lapsesi suhteen anna lapsesi tehdä sitä, mikä tekee hänet onnelliseksi.

KLOONIJOUKOT

Itse päätän onko elämäni uniikkitaidetta vai tyydynkö
sarjatuotantoon. - Maija Paavilainen -

Koulujärjestelmäämme on jo pitkään yritetty saada lisää
valinnanvapautta, mutta aina se on kaatunut väitteeseen
tasa-arvon toteutumattomuudesta. Osoitan nyt että koko
tasa-arvoperustelu on suuri väärinkäsitys.

Tasa-arvoon liittyen opetussuunnitelmassa on tapahtunut
kaksi oleellista virhettä. Ensinnäkin on sekoitettu kaksi
eri termiä toisiinsa. Kyseiset termit ovat tasa-arvoisuus ja
samankaltaisuus. Näiden kahden termin sekoittaminen
toisiinsa merkitsee opetussuunnitelman kannalta suurta
virhettä. Nykyistä opetussuunnitelmaa kehutaan
samanarvoiseksi eli tasa-arvoiseksi. Kuitenkaan kaikille
oppilaille annettava samanlainen opetus ei ole oppilaiden
samanarvoistamista, kuten meidän annetaan ymmärtää,

vaan samankaltaistamista.

Järjestelmä toimii sillä ajatuksella, että oppivelvolliset ovat klooneja keskenään. Päättäjien virhe on kuvitella että jokaisen oppilaan saama sama opetus tekee heistä yhtä arvokkaita eli tasa-arvoisia. Totuus on, että jokainen ihminen on ainutlaatuinen yksilö. Näin ollen ideaali opiskelu on myös ainutlaatuinen ja yksilöllinen kullekin yksilölle. Jos jokainen oppilas saisi valita itselleen sopivimman aineyhdistelmän, miten toinen oppilas olisi toista tasa-arvoisempi? Miksi on itsestään selvää, että aikuinen valitsee itselleen mahdollisimman sopivan ja kiinnostavan työtehtävän, mutta lapsi ja nuori ei saa tätä tehdä?

Jos aikuisten työelämä toimisi samoin kuin suomalainen peruskoulujärjestelmä, kaikki tekisivät samaa työtä. Jokainen aikuinen työskentelisi joka päivä tunnin autokorjaajana, tunnin arkkitehtinä, tunnin urheilijana, tunnin verovirkailijana ja tunnin kielenkääntäjänä.

Aikuiset valittaisivat päättäjille, että eihän tässä systeemissä ole mitään järkeä. He kysyisivät, että eikö voisi olla sellainen systeemi että jokainen saisi valita työtehtävän, johon on lahjoja ja kiinnostusta. Päättäjät vastaisivat, että ei sellaista järjestelmää voi toteuttaa, koska siinä ei toteudu tasa-arvoisuus.

Tämä kuulostaa absurdilta, mutta peruskoulumme toimii juuri tällä samalla absurdilla periaatteella.

Jotta tämä suuri tasa-arvon väärinkäsitys tulisi varmasti ymmärretyksi, niin väännän vielä toisella tavalla rautalangasta. Kuvitellaan ryhmät A ja B. Ryhmässä A kaikki saavat täsmälleen samaa opetusta. Ryhmässä B jokainen oppilas saa yksilöllistä opetusta. Oppilaat eivät kummassakaan ryhmässä ole klooneja, vaan uniikkeja yksilöitä kuten todellisuudessakin. Kuitenkin ryhmän A opetus perustuu klooniajatukseen, ryhmän B yksilöllisyyteen. Mikä on samaa ryhmien ja oppilaiden kesken? Se, että he kaikki ovat yhtä arvokkaita. Heitä kaikkia arvostetaan yhtä paljon. Heidän ihmisarvonsa on sama. He ovat siis tasa-arvoisia.

Jos jonkun mielestä ryhmä B on epätasa-arvoinen, niin kuka ryhmässä on arvokkaampi ja kuka arvottomampi? Kumpi on arvokkaampi: englannin kielen vai kemian opiskelija? Päättäjien logiikan mukaan jompikumpi oppilas on arvokkaampi, koska vapaavalintaisuus on kumottu sillä perusteella, että samanarvoisuus eli tasa-arvoisuus ei toteutuisi ryhmässä B.

Päättäjien perustelut ovat päälaellaan. Samankaltaista oppimista perustellaan tasa-arvoisuudella. Vapaavalintainen opetus kumotaan tasa-arvoisuuden toteutumattomuudella, vaikka se on yhteydessä oppilaan henkilökohtaisiin lahjoihin ja motivaatioon eikä hänen ihmisarvoonsa.

Näin ollen koko peruskoulujärjestelmä perustuu täysin väärinymmäretyille väitteille.

Näissä epidemian tavoin leviävissä mantroissa on vaarallista se, että niiden todellista merkitystä ei kukaan pohdi perusteellisesti. Kun yksi lausuu uuden hokeman, sen jälkeen kaikki loputkin haluavat papukaijan lailla hokea samaa. Nyt tuo hoettu sana on pitkään ollut tasa-arvo. Sen voi heittää mille tahansa keskustelupöydälle ja keskustelu loppuu siihen. Kukaanhan ei halua ehdottaa mitään tasa-arvon vastaista. Kukaan ei myöskään ole pohtinut liittyykö asia mitenkään tasa-arvoon.

Viimeisimmän uudistuksen hylkäämisessä on ristiriitaista se, että kun päättäjät vetosivat yhdenvertaisuuden toteutumattomuuteen, he unohtivat että Suomen peruskoulujärjestelmä on sisältänyt jo vuosia epätasa-arvoa. En näe ainoastaan yhtä virhettä, vaan saman ongelman kolminkertaisena.

Ensinnäkin Suomessa on erilaisia erikoistumisluokkia. Jo tämä itsessään on virhe, jos peruskoulujärjestelmämme perustuu tasa-arvoisuuteen. Toiseksi nämä normaaliopetuksesta poikkeavat luokat ovat epätasa-arvoisesti sijoittuneet vain tiettyihin kuntiin. Jokaisella paikkakunnalla ei löydy erikoisluokkaa. Kolmas samaan teemaan liittyvä ongelma kolminkertaistaa tämän vyyhdin. Erikoistumisluokkia on vain rajattu oppiaineiden joukko. Pääsääntöisesti erikoistumisluokkia on musiikissa, urheilussa ja kielissä. Millä perusteella vain tietyt oppiaineet on valittu? On epätasa-arvoista ettei ole esimerkiksi fysiikan, kemian, kotitalouden, uskonnon, historian, biologian tai filosofian erikoistumisluokkia. Lisäksi on epätasa-arvoista, että urheiluluokkia on vain tietyissä lajeissa. Jääkiekkoluokka löytyy, mutta missä ovat koripalloluokka, tanssiluokka tai karateluokka?

Miksi siis he, jotka kitisevät tasa-arvon toteutumattomuudesta, eivät kitise näistä erityisluokista? Miten voidaan edes teoriassa vaatia täysin samoja mahdollisuuksia jokaiselle oppivelvolliselle kun se ei joka tapauksessa toteudu nytkään? Miksi samaan aikaan siunataan erikoistumisluokat jo ala-asteikäisille ja tyrmätään vapaavalintaisen peruskoulun mahdollisuus? Eivätkö erikoistumisluokat, kuten esimerkiksi musiikkiluokat, ole osittaista vapaavalintaisuutta? Kaikille oppilaille ei anneta mahdollisuutta erikoistumisluokalle osallistumisesta, mutta tästä epätasa-arvosta päättäjät ovat aivan hiljaa.

Samanarvoisuuden nimissä on virheellisesti kumottu monia ehdotuksia, jotka palvelisivat kaikkia osapuolia. Yksi näistä toimivista, mutta hylätyistä käytänteistä ovat 1980-luvulla toimineet peruskoulun tasoryhmät. Sain itse kokea yläasteella molemmat tavat opiskella. Sekä oppilaat että opettajat kokivat tasoryhmät erittäin onnistuneena ratkaisuna. Oppilaat oli jaoteltu kolmeen eri tasoryhmään. Oppilaan tasoryhmä valittiin palvelemaan hänen henkilökohtaista tasoaan sen perusteella oliko hänen oppimistyylinsä kyseisessä oppiaineessa nopeaa, hidasta vai keskitasoa. Hitaiden ei tarvinnut tippua kärryiltä normaalia tahtia etenevän opetuksen takia eikä vastaavasti nopeiden ja lahjakkaiden oppijoiden tarvinnut turhautuneina odottaa kun opettaja vääntää rautalangasta hitaille. Jokainen oppilas sekä opettaja hyötyi tästä järjestelmästä. Sitten se yhtäkkiä lopetettiin vedoten sen epätasa-arvoisuuteen. Loistavasti toimiva idea lakkautettiin siis siksi, että oppilaat eivät olleet päättäjien mielestä yhtä arvokkaita keskenään.

Jos oppilaat eivät olleet yhtä arvokkaita keskenään, kuten väitettiin, silloinhan se tarkoittaa että oppilaan ihmisarvo määräytyy hänen kykyjensä perusteella. Päättäjät eivät varmasti halunneet ajatella näin, mutta niin he asian perustelivat.

Mitä he minun mielestäni oikeasti halusivat, on täysin epärealistinen ajatus. He halusivat, että kaikki oppilaat olisivat sittenkin samankaltaisia, samantasoisia, samankykyisiä. Päättäjät haluavat nähdä kukkakedon, jossa kaikki tuhannet ja taas tuhannet kukat ovat ruiskaunokkeja. Se on todella kaunis ajatus, mutta se ajatus on satumaailmasta. Totuus on se, että yksi meistä on ruusu, toinen kaktus ja kolmas kissankello. Pahimmassa tapauksessa ruiskaunokkia ei löydy koko koulusta. Ruusulle ja kaktukselle ei sovi sama hoito-ohje. Jos ruusua hoitaa kaktuksen hoito-ohjeilla, ruusu kuolee.

Koska tasojärjestelmään olivat tyytyväisiä niin oppilaat kuin opettajatkin, niin miksi se lopetettiin ja vieläpä väärin perusteltuna? Näen ainoastaan yhden syyn. Joidenkin huoltajien oli liian vaikea hyväksyä, että oman lapsen kyvyt ovat alle keskitason. Oliko huoltajan oletus että lapsi on normaali tai jopa keskimääräistä lahjakkaampi? Tässäkö on se kipupiste, jonka vuoksi meillä ei ole tasoryhmiä? Viiltääkö huoltajan mieltä liian kipeästi se fakta, että oma lapsi ei pysty opiskelemaan normaalitasoisten tai lahjakkaiden ryhmässä? Onko menestystä korostavan yhteiskuntamme syytä, että enemmän tukea tarvitseva lapsi on häpeä vanhemmilleen?

Tällainen asenne on surullista ja itsekästä - todellista asennevammaisuutta. Surullista siinä on lapsen kokemus siitä, ettei hän kelpaa sellaisena kuin hän on. Itsekästä se on siksi, että taustalla on alunperin ollut alitajuinen tai tietoinen vaatimus lapsen kyvyistä. Lapsen taidon taso on sekoitettu hänen ihmisarvoonsa. Lapseen, jonka kehitys on alle keskiarvojen, voi suhtautua kahdella tavalla. Aikuinen pitää häntä joko yhtä arvokkaana tai arvottomampana kuin normaalisti kehittynyttä lasta. Jos heikommin kehittynyttä pidetään arvottomampana edes alitajuisesti, se paljastaa että ainoastaan normaalit ja lahjakkaat lapset hyväksytään. Lähes jokainen sanoo kannattavansa tasa-arvoa eli pitävänsä kaikkia ihmisiä yhtä arvokkaina, mutta kuinka monen elämässä tämä hokema oikeasti toteutuu?

Myös opettajien erilaisuus luo epätasa-arvoa. Opettajasta riippuen opetuksen sisältö, opetusmetodit, arviointi ja rangaistukset ovat erilaisia, vaikka teoriassa niiden pitäisi olla täysin samanlaiset. Lisäksi opettajien persoonan, asenteen ja työmotivaation heijastuminen oppilaisiin luo epätasa-arvoisuutta. On naivia olettaa, että jokainen peruskoulun päättävä on saanut samanlaisen opetuksen. Jos täydellistä tasa-arvoa halutaan, niin elävät opettajat on vaihdettava robotteihin.

EPÄOIKEUDENMUKAISUUS

Emme lopeta leikkimistä sen johdosta että vanhenemme
– vanhenemme koska lopetamme leikkimisen.

- Herbert Spencer-

Mediassa oli muutama vuosi sitten mainoskampanja,
jossa kehotettiin työntekijöitä pitäytymään kahdeksan
tunnin työpäivässä ja kieltäytymään töiden kotiin
viemiseltä. Kilteille uhrautujille yritettiin takoa kalloon,
että älkää olko ainakaan niin tyhmiä, että uhraatte vapaa-
aikaanne työlle saamatta siitä minkäänlaista korvausta.
Pikkuhiljaa on onneksi lisääntynyt asenne, jossa oma ja
perheen hyvinvointi on asetettu työtä tärkeämmäksi.

Entä koululaisten vapaa-aika? Kehotetaanko heitäkin
erottamaan työaika ja vapaa-aika? Päinvastoin.
Koululainen tuo omalta työpaikaltaan eli koulusta
kaksinkertaisen määrän töitä kotiin eli kotitehtävät ja

kokeisiin lukemiset.

Lähes joka arkipäivä koululainen saa kotitehtäviä. Ei riitä, että hän saa päivän aikana kotitehtäviä yhdestä oppiaineesta. Pahimmillaan niitä tulee viidestä eri oppiaineesta. Luokanopettajan on vielä helppo säännellä läksyjen määrää jos hän itse opettaa kaikki aineet, mutta yläasteella opettajat eivät tiedä toistensa antamista työtaakoista. Jopa yläasteen opettajilla, lukiosta puhumattakaan, on kunnianhimoisia vaatimuksia oppilaille. Tunnollisesti tehtyinä kotitehtäviin kuluu useita tunteja joka ilta. Yläasteella oppitunnit kestävät jopa neljään asti iltapäivällä. Kun on tullut kotiin, syönyt ja tehnyt kotitehtävät, voikin jo toivottaa perheelleen hyvää yötä.

Vieläkin säälittävämmässä asemassa ovat tavallisessa luokassa opiskelevat hitaat oppilaat. He saavat usein tuplamäärän kotitehtäviä siitä syystä, että varsinaisten kotitehtävien lisäksi heidän on suoritettava kotona kaikki, mitä eivät koulussa ehtineet tehdä. Miksi hidasta rangaistaan näin? Opettaja perustelee sen sillä, että oppilas saavuttaa näin saman tason kuin muutkin. Tässä on jälleen esimerkki koulun tasapäistävästä tavoitteesta. Järjestelmä kieltää tasapäistävänsä oppilaita, vaikka todellisuudessa se toimii juuri niin.

Olen opettajan työssäni kuunnellut lukuisia tilityksiä kotitehtävien ja kokeiden rasittamilta oppilailta. Varsinkin tunnolliset oppilaat kokevat, että kaikkea ei ehdi tehdä niin hyvin kuin haluaisi. Aika ei yksinkertaisesti riitä. On valittava minkä haluaa toteuttaa onnistuneesti ja minkä puolivillaisesti. Kun jossain vaiheessa ymmärsin kotitehtävien epä-oikeudenmukaisuuden, en enää antanut niitä oppilaille lainkaan. Tiesin, että he ovat tarpeeksi rasitettuja muutenkin.

Asiantuntijat ovat jo vuosia varoitelleet informaatiotulvan seurauksista koululaisten aivoille ja koko hyvinvoinnille. Koululainen ei tarvitse niin suurta tietomäärää kuin nykyään vaaditaan. Miten tämä aikuisten ja lasten epäoikeudenmukaisuus perustellaan? Miksi aikuinen saa tehtaan oven sulkiessaan sulkea työn mielestään kotiin mennessään, mutta lapsi ei? Sekä hyvinvoinnin että oikeudenmukaisuuden nimissä kodin on saatava olla koululaiselle ainoastaan lepopaikka.

KILPAILU

Kyynikko on ihminen, joka tietää kaiken hinnan, mutta ei minkään arvoa. - Oscar Wilde -

Peruskoulujärjestelmämme on kaksinaismoralistinen. Se väittää, että kaikki oppilaat ovat yhtä arvokkaita. Tärkeintä ei ole voitto vaan osallistuminen, toitottavat opettajat. Samaan aikaan he kumoavat nämä periaatteensa palkitsemalla urheilukilpailujen ja todistusten perusteella parhaiten menestyneet. Stipendit ja mitalit jaetaan näyttävästi kaikkien oppilaiden edessä. Palkinnotta jääneille oppilaille viestitetään, että vain menestyneet ihmiset ovat arvokkaita ja että juhlapuheet kaikkien tasa-arvoisuudesta on valhetta.

Tasa-arvotavoitteet ovat ristiriidassa toteutuksen kanssa. Kilpailujen järjestäminen jo sinällään on väärin, jos tavoitteena on oppilaan hyväksyminen hänen suorituksistaan riippumatta. Toiseksi kilpailut keskittyvät hyvin suppealle alueelle. Tämä on epätasa-arvoista muiden taitojen osaajia ajatellen. Peruskoulumme painottaa erityisesti urheilumenestystä. Mitaleita jakaessa rehtorin ja opettajien kannattaa miettiä, miltä tuntuu niistä oppilaista, jotka lahjakkuudestaan huolimatta eivät voi koskaan yltää palkintoihin ainoastaan siksi, että he ovat koulun näkökulmasta lahjakkaita väärissä asioissa. Tietenkään mikään lahjakkuus ei ole toista arvokkaampi, mutta tämän viestinhän koulut antavat. Miten opettajat pystyvät elämään kaksinaismoralismin kanssa kertoen oppilaille kaikkien olevan yhtä arvokkaita ja samalla jakaen mitaleita vain joillekin?

Kilpailujen järjestäminen koulussa on yksi psyykkisen pahoinvoinnin aiheuttaja koululaisille. Jos henkilökunta palkitsee eli jakaa arvostustaan vain tietyille oppilaille, loput tuntevat itsensä arvottomiksi. Kilpailu on sairastuttavaa siksi, että kilpailussa menestymättömyyden aiheuttama huono itsearvostus ei ole lapselle asia, jota hän voi tietoisesti analysoida kuten aikuiset. Tunnetasolla vaikuttaessa se on tuhoisampaa. Suosittelen koululaisten huoltajia kieltäytymään lasten kilpailuista, jos koulu tyhmyyksissään niitä järjestää.

Kasvatustieteen professori Kari Uusikylä on myös kritisoinut sopeutujien palkitsemista, kilpailuun pakottamista ja parhaiten menestyneiden palkitsemisen korostamista. Uusikylä kirjoittaa, että sopeutuja-suorittaja suorittaa kunnes voimat loppuvat ja sen jälkeen hän ei suorita, vaan syö masennuslääkkeitä.

Kirjassa *Koulu ja valta* Mikko Jakonen tuo esiin havaintonsa, että me emme ole enää tiedostava kansa, vaan kone. Uhraamme itsemme ymmärtämättä ja uskaltamatta kyseenalaistaa. Hän muistuttaa, että koulun tavoite ei saa olla oppilaan muuttaminen viattomaksi ja tuottoisaksi koneeksi. Jakonen kirjoittaa, että "yleisen aivotyön aiheuttama tauti on loppuun palaminen ja masennus, jolloin keho ilmoittaa käyttäjälleen kuolevaisuudestaan ja työstä kieltäytymisen tarpeesta. Työelämä ei kuitenkaan pidä työstä kieltäytymisestä, vaan syöttää aivoille masennuslääkkeitä ainoastaan siksi, että kaikki aivot tarvitaan tuotantoon".

Olisi reilua kertoa totuus koulutuksen piilo-opetussuunnitelmasta ekaluokkalaisille jo ensimmäisenä koulupäivänä: Hyvät pikkupalleroiset, teitä opetetaan seuraavat yhdeksän vuotta, jotta monet teistä aikuisina voisivat tehdä muutamat sedät ja tädit entistäkin rikkaammiksi. Se tarkoittaa sitä, että jos sinulla on kolme karkkia ja rikkaalla sedällä on kymmenen karkkia, niin vuoden kuluttua sinulla on edelleen kolme karkkia ja rikkaalla sedällä sata karkkia.

ITSEARVOSTUKSEN TUHOAMINEN

Jotta Suomi menestyisi tulevaisuudessa, meidän tulee tunnistaa jokaisen nuoren lahjakkuus ja auttaa kehittämään sitä. Jokaisessa nyt ostarilla pyörivässä jätkässä on hurja potentiaali.

- Aleksej Fedotov, Muutosvoima-valmennusohjelman perustaja -

Liian monet oppilaat luulevat koko kouluajan, että he eivät ole lahjakkaita missään. He saattavat luulla olevansa täysin epäonnistuneita. Tämä johtuu siitä, että heidän kykynsä on jotain minkä toteuttamiseen koulu ei tarjoa mitään mahdollisuksia.

Ken Robinson kertoo esimerkin Gillian Lynnestä, joka on arvostetuttu tanssija ja koreografi. Gillian leimattiin koulussa oppimishäiriöiseksi ja levottomaksi häiriköksi. Hänen äitinsä vei huolestuneena tyttärensä lääkärille, joka heidän onnekseen tajusi mistä on kyse. Lääkäri totesi, että lapsi ei ole häirikkö vaan tanssija. Sitä voimme tietysti ihmetellä kuinka äiti ei ollut huomannut lapsensa innostusta tanssimiseen. Kun Gillian pääsi tanssitunneille, hän puhkesi kukkaan. Hän tajusi, että tämä on se, mitä hän osaa ja mistä hän nauttii. Loppu on historiaa. Gillianista tuli tanssija ja koreografi. Entä jos kukaan ei olisi ymmärtänyt tilannetta? Todennäköisesti Gillian söisi rauhoittavia lääkkeitä ja kokisi että hänellä ei ole mitään annettavaa maailmalle.

Koulumme ovat täynnä Gillianin kaltaisia lapsia. Koulujärjestelmämme ei tue lapsen lahjakkuutta, vaan saattaa pahimmillaan tuhota koko lapsen elämäntehtävän. Kun koulu antaa mahdollisuuden vain tiettyjen rajattujen kykyjen löytymiseen ja kehittymiseen, tuomitaan lapsi liian usein sopeutumattomaksi. Ongelma on koulujärjestelmän aiheuttama – ei lapsen.

Uusi koulutus -foorumi kysyy millaiseen elämään johdattaa koulutus, jossa saa joka päivä kuulla että ei osannut tuotakaan eikä tämäkään onnistunut. Sen mielestä oikeasti tyhmä onkin koulu, joka ei näe ihmisten erilaisia vahvuuksia ja taitoja. Oppilaiden kiinnostuksen kohteet ovat toissijaisia koulun silmissä. Kuitenkin juuri ne taidot ovat oleellisia tulevaisuuden kannalta. Oppimisen lähtökohta ei pitäisi enää olla pikkutarkasti määritelty yleissivistys, vaan jokaisen omat kiinnostuksen kohteet.

Valmentaja ja kouluttaja Paula Tilli on kertonut, että peruskoulu oli hänelle yhdeksän vuoden vankila. Hänellä on epätasainen taitoprofiili, joka tarkoittaa sitä, että tietyt oppiaineet turhauttivat häntä siksi että hän oli niissä lahjakkaampi kuin kukaan muu oppilas ja tiettyjä oppiaineita hän ei oppinut koskaan yrityksistä huolimatta. Näin ollen kaikki peruskoulun oppiaineet olivat joko yli tai alle Tillin kykyjen. Peruskoululla ei ollut Tillille mitään annettavaa.

Tillin kaltaisten ihmisten käänteisestä taitoprofiilista kirjoittaa opettaja Mika Kostamo. Hän huomauttaa, että nykyisen opetussuunnitelman vaatimukset ovat monelle oppilaalle liikaa, erityisesti toiminnallisille pojille. Heillä on vaikeuksia jaksaa teoreettista opiskelua, mistä seurauksena on yleensä siirto erityisopetukseen. Tämä ratkaisu ei kuitenkaan auta, jos käytös- ja keskittymisongelmien varsinainen syy on turhautuminen. Tämä turhautuminen ei ole oppilaiden syy, vaan väärin suunnitellun koulujärjestelmän. Myös Kostamo vaatii valinnaisuuden huomattavaa lisäämistä, jotta koulu tukisi tasapuolisesti jokaisen nuoren luontaista oppimishalua.

Oppimiseen perehtynyt filosofian tohtori Lauri Järvilehto ennustaa koulun joutuvan massiiviseen kriisiin, koska oppilaiden taitoprofiilit ovat niin erilaisia toisiinsa nähden.

Kun kaikkeen tähän lisätään vielä erilaiset temperamentti-, persoonallisuus- ja oppimistyylierot sekä niiden merkitys yksilön oppimiseen tai oppimattomuuteen, on kasassa sellainen soppa, johon peruskoulujärjestelmän kloonijoukkojen opetus on tuhoava.

IDENTITEETIN TUHOAMINEN

Vene on varmimmassa turvassa satamassa, mutta ei veneitä ole rakennettu sen vuoksi. - Paulo Coelho -

Kuusitoistavuotiaaksi asti peruskoulujärjestelmä määrää mitä tehdä, miten tehdä ja milloin tehdä. Kaikki on tullut liian valmiina oma-aloitteisuutta ja rohkeutta ajatellen. Sitten yhtäkkiä kaadetaan saavillinen kylmää vettä niskaan ja herätetään tekämään suuri valinta. Yksi tulevaisuuden kannalta oleellisimmista päätöksistä pitäisi tehdä peruskoulun lopussa, kun sitä ennen koulu on estänyt valinntojen harjoittelun.

Elämässä tarvitaan rohkeutta, sillä elämä on täynnä riskejä joissa on mahdollisuus onnistua tai epäonnistua. Valintojen tekemisen kokemus kehittyisi jo peruskoulun aikana, jos oppilas saisi itse valita oppiaineensa ja tavan toteuttaa opintonsa. Tätä kautta hän oppisi jo kouluaikana käyttämään sitä oleellista elämäntaitoa, jota hän joka tapauksessa tulee tarvitsemaan myöhemminkin.

On väärin olettaa, että koululaiset eivät osaa tehdä sopivia valintoja. Kaikki osaavat tehdä valintoja kun annetaan mahdollisuus. Mitä sitten jos valinnat osoittautuvat epäonnistuneiksi? Se on juuri sitä yrityksen ja erehdyksen kautta oppimista, jota aikuisuudessakin tarvitaan. Aikuisetkin tekevät elämässään valintoja, joita katuvat. Koululaiselle ei anneta mahdollisuutta harjoitella elämänhallintaa edes oppiaineita valitsemalla.

Vuonna 2010 haluttiin lisätä voimakkaasti valinnaisuutta jo alakoulussa. Tämä olisi ollut oppilaille oleellisen tärkeä muutos, mutta se torjuttiin väärillä perusteluilla. Opetushallituksen johtokunnan puheenjohtaja kirjoitti että valinnaisuutta olisi maltillisesti lisätty peruskoulun päättövaiheessa, silloin kun oppilaat jo osaavat tehdä valintoja. Tätä lausuntoa ei voi tulkita kuin yhdellä tavalla. Lastemme opetuksesta päättävät henkilöt eivät tiedä lapsen kehityksestä edes perusasioita eli sitä että jo pieni lapsi osaa tehdä itsenäisiä, mielekkäitä ja sopivia valintoja. Pikkulapsikin osaa valita, haluaako hän ruisleipää vai kauraleipää tai kuunteleeko hän sadun Muumeista vai Nalle Puhista. Mitä vanhemmaksi ihminen kasvaa, sitä enemmän valinnan vastuuta voi luonnollisesti antaa. Lopulta jää enää valinta ruumisarkun ja tuhkauurnan välillä. Jokaisen ihmisen elämä on valintoja täynnä. Niiltä ei voi välttyä. On päivittäisiä pikkuvalintoja ja elämää suurempia ratkaisuja.

Perusteluissa oli muutakin virheellistä ajattelua. Valinnaisuutta vastustettiin myös siksi, että heidän mielestään alaluokat on tarkoitettu yhdessä kasvamiseen ja perusasioiden oppimiseen. Ensinnäkin, yhdessä kasvaa aivan samalla tavalla itse valitussa kuin pakotetussa ryhmässä. Valinnaisessa ryhmässä yhdessä kasvaminen on jopa tiiviimpää ja todennäköisempää, koska yhteinen kiinnostus yhdistää oppilaita. Toiseksi, normaalisti kehittyneet lapset oppivat perusasiat eli lukemisen, kirjoittamisen ja laskemisen kahdessa vuodessa, monet nykyään jo ennen koulun aloittamista. Kolmantena perusteluna väitettiin valinnaisuuden jo alakoulussa merkitsevän eriarvoisuuden lisääntymistä alueiden, koulujen ja oppilaiden välille. Tähän perusteluun voin vain todeta, että olkaa hyvät ja lukekaa tästä kirjasta kappale nimeltä kloonijoukot.

Aivoille sairasta ovat ääripäät eli pakko tai täydellinen vapaus, jossa edes valintaa ei tarvitse tehdä. Terveintä aivoille on vapaus valita. Maria Montessori ja Matti Bergström, jotka molemmat ovat lapsen kehitykseen perehtyneitä lääketieteen tohtoreita, näkevät yhteyden nykyisen peruskoulujärjestelmän ja mielenterveysongelmien välillä. He tietävät että koululaisia voidaan orjuudesta vapauduttuaan kasvattaa valitsemaan. Jos lapselle annetaan valinnan vapaus sopivissa raameissa, hän kokee että häneen luotetaan ja että hänellä on mahdollisuus vaikuttaa itse omaan elämäänsä.

Kansainväliset tutkimukset osoittavat, että suomalainen kouluopetus ei vahvista optimaalisella tavalla oppilaan identiteetin kehitystä. Identiteetin käsite on tiivistettynä itseä koskeva kertomus. Identiteetin rakentuminen liittyy siihen kuka on ja mitä osaa tehdä. Kasvatustieteen professori Eero Ropo on tutkinut identiteettiä ja kouluhyvinvointia. Suomen peruskouluopetus ei Ropon mielestä vahvista oppilaan identiteettiä, koska opetus on liian tietopainotteista. Lisäksi opetussuunnitelmasta puuttuu identiteetin kehityksen huomioiminen. Kun identiteetti on kehittynyt ihanteellisesti, yksilö kokee, että voi vaikuttaa elämäänsä. Suomalaisessa peruskoulussa oppilas tutkimusten mukaan kokee, että ei voi vaikuttaa elämäänsä ja opiskeluunsa. Koska opetussuunnitelma on näin riistänyt kokemuksen omaan elämään vaikuttamisesta, se on samalla riistänyt mahdollisuuden identiteetin kehitykseen.

Vuonna 2006 tuli voimaan nuorisolaki, joka korostaa lasten ja nuorten oikeutta vaikuttaa heitä koskevaan päätöksentekoon. Tätä lakia on rikottu. Useimmat lapset ja nuoret eivät edes tiedä tästä laista. Siitä ei ole tarkoituksella paljon huudeltu, etteivät lapset alkaisi vaatimaan oikeuksiaan. Perusopetuslakiin laadittiin vuonna 2007 lisäys, jossa opetuksen järjestäjä velvoitetaan huolehtimaan siitä, että oppilailla on mahdollisuus ilmaista mielipiteensä heitä yhteisesti koskevista asioista. Tämän lain pohjalta oppilaskuntien määrä lisääntyi. Oppilaskuntatoiminta ei kuitenkaan ratkaise ongelmaa. Oppilaskunnilla hämätään oppilaita. Heidän annetaan ymmärtää, että heillä on vaikutusmahdollisuuksia, vaikka se on ainoastaan näennäistä. Oppilaskunnat eivät pysty vaikuttamaan esimerkiksi opetussuunnitelmaan eivätkä peruskoulun rakenteisiin.

Edellä mainitun nuorisolain perusteella lapset ja nuoret on otettava suunnittelemaan ja päättämään seuraavaa peruskoulu-uudistusta. Heidän olisi pitänyt saada olla mukana jo edellisen uudistuksen valmistelussa. Jos miettii tarkkaan mitä laki tarkoittaa, niin se edellyttää lasten ja nuorten omaa eduskuntaa. Tarvittaessa oppilaiden oma eduskunta kokontuu päättämään koululaisia koskevia asioita kuten peruskoulu-uudistuksia.

Miksi oppilaita ei oteta mukaan suunnittelemaan peruskoulujärjestelmää? Heillä olisi riittävästi näkemystä, mutta heihin ei luoteta. Oppilaat ovat parhaita peruskoulutuksen asiantuntijoita, koska heillä on tuoreinta kokemusta koulun penkillä istumisesta. Aivan sama jos autojen suunnittelijat eivät itse ajaisi autolla ja kaiken lisäksi kysyisivät ideoita muiltakin autottomilta. Oppilaskunta-aktiivi Anni Kosunen kysyykin, kuka olisi parempi kertomaan koulun toimivuudesta kuin koululainen itse.

Suuri kunnioitus niille kouluille, jotka ovat aidosti halunneet kunnioittaa oppilaiden oikeutta opetuksen suunnittelussa. Esimerkiksi Harjun koulussa oppilaat ovat osallistuneet opetuksen suunnitteluun ja toteutukseen. Päätösvaltaa ei ole saanut pelkästään oppilaskunnan hallitus, vaan koulun kaikki oppilaat. Luokanopettaja Sanna-Mari Ollgren kertoo, että hän antaa oppilailleen mielellään vastuuta. Oppilaat ovat saaneet keskustella millainen opiskelu heitä kiinnostaa ja saaneet päättää tehdäänkö aiheesta koe, ryhmätyö vai animaatio. Harjun koulussa oppilaat ja huoltajat ovat saaneet kertoa millainen on heidän unelmansa koulusta.

Viisas äiti, isä tai opettaja antaa lapsen valita. Päiväkodin pikkuprinsessat eivät halunneet pukeutua pakkasella toppavaatteisiin ulkoilua varten. Lastentarhanopettaja antoi luvan lähteä pelkät mekot päällä ulos. Pikkuprinsessat lähtivät pakkaseen mekoissaan, mutta muutaman minuutin kuluttua he tulivat sisään kertoen että he haluavat toppavaatteet.

Valinnan tarjoaminen lapselle on kasvattavampi kokemus kuin kielto, vaikka valitettavan harva kasvattaja ymmärtää käyttää sitä. Moni luulee olevansa hyvä kasvattaja jatkuvien kieltojen avulla. Joskus auttaa pelkästään se, että kun jotain ei yllättäen kielletäkään, sen hohto katoaa. Opettajien surkuhupaisat kyttäyskeikat tupakoivia nuoria kohtaan ovat turhia siksi, että nuoret tupakoivat kapinoidakseen sääntöjä vastaan, jolloin heidän huomiotta jättämisensä voisi olla toimivampi keino kuin rangaistukset.

Kunnioitusta ansaitsevat koulut, jotka ovat luopuneet jälki-istunnoista ottaen niiden tilalle kasvatuskeskustelut. Jälki-istuntojen järjettömyyshän on kenelle tahansa siinä, että tunnin hiljaisuus ei tee kenestäkään viisaampaa eikä vastuullisempaa ihmistä verrattuna siihen, että voi keskustella tilanteen syistä, seurauksista ja vaihtoehdoista. Kasvatuskeskustelu on vastuun ottamista ja antamista – ei keskiaikainen jälki-istunto.

LUOVUUDEN TUHOAMINEN

Mielikuvitus on tärkeämpää kuin tieto. - Albert Einstein -

Luovuus eli uuden keksiminen syntyy ainoastaan rentouden kautta. Ollakseen luova oppilas tarvitsee joutenoloa, mielikuvitusta, armollisuutta itseään kohtaan, rohkeutta, leikkiä, hulluttelua, kokeilua, kykyä kyseenalaistaa ja kykyä kuunnella intuitiotaan. Todellinen luovuus tarvitsee myös kykyä keikauttaa kaikki itsestäänselvyydet päälaelleen ja kykyä yhdistellä äkkiseltään toisiinsa kuulumattomia asioita yhteen.

Koululaitos ei tarjoa mahdollisuutta luovuuden heräämiseen. Koululaitoksen toiminta on juuri päinvastastaista eli luovuutta tuhoavaa. Se painottaa rationaalisuutta, kurinalaisuutta, arvostelua, stressiä, pelkoa, kiirettä ja kapea-alaista ajattelua.

Miksi luovuuden kehittyminen on tärkeää? Tulevaisuudentutkijat ennustavat, että seuraavien 10-20 vuoden kuluessa toistoa ja rutiinia vaativat työt siirtyvät ihmisiltä roboteille. Ihmisille jäävät työt jotka vaativat ajattelua, uuden keksimistä sekä ongelmien ja eettisten kysymysten ratkomista.

Tulevaisuudentutkija Marty Neumeier huomauttaa, että robotteihin verrattuna ihmisen vahvimmat alueet ovat luovuus ja moraaliset päätökset. Hänen mielestä koululaitoksen vika on siinä, että oppilaat toistavat jo kertaalleen keksittyä sen sijaan että he kokeilisivat ja keksisivät jotain uutta. Näin ollen oppilaan toiminta koulussa ei juurikaan eroa robotin toiminnasta ja juuri niihin robottimaisiin tehtäviin ihmistä ei tulevaisuudessa enää tarvita.

Uudet ideat syntyvät silloin, kun ihminen saa itse valita tehtävänsä, kun hän saa keskittyä intohimoonsa, innostukseensa ja lahjakkuuteensa, kun kukaan ei arvioi eikä kilpailuta häntä eikä ulkopuolelta tule määräyksiä metodien eikä ajankäytön suhteen.

Peruskoulujärjestelmä toimii täysin tämän kaavan vastaisesti. Samat ihmiset, jotka Suomen kansalle odottavat uusia innovaattoreita, ovat luoneet järjestelmän, joka estää heidän syntymisen. Me elämme Hölmöläisten Tasavallassa, jossa esitetään näytelmää nimeltä Keisarin uudet vaatteet, mutta kukaan ei kuule lasta, joka kertoo totuuden.

Naapuriluokan oppilaiden tehdessä taannoin äitienpäiväkortteja, yksi poika sanoi opettajalle, että hän haluaa tehdä kortin vihreästä kartongista. Opettaja sanoi, että kaikki tekevät vaaleanpunaisesta kartongista, koska se on äitien väri. Poika sanoi, että hänen äiti tykkää myös vihreästä. Opettaja pysyi tiukkana ja lopputunnista esillä oli kaksikymmentä vaaleanpunaista kloonikorttia samanlaisine runoineen ja samanlaisine toivotuksineen.

Peruskoulu on onnistunut loistavasti manipuloimaan osan kansastamme ajatukseen, että vaihtoehtoja on aina vain yksi.

Tekniikan tohtori Alf Rehnin mielestä luovimmat ja menestyneimmät ideat ovat olleet myös radikaaleimpia. Rehnin mielestä sopeutuja ei luo eikä luova ihminen sopeudu. Todellinen luovuus ei ole mukavaa ja yleisesti hyväksyttyä, vaan se kyseenalaistaa kaiken normaalina pidetyn. Aidosti luovat ihmiset ovat Rehnin sanoin sopeutumattomia, lapsellisia, räkänokkaisia ja salonkeihin sopimattomia. Suomalainen yhteiskunta ja koulujärjestelmä edustavat tällä hetkellä luovuuden vastakohtaa.

Kari Uusikylä kirjoittaa, että luovuus vaatii kiireettömyyttä, aikaa, vapautta, ilmapiiriä ilman arvostelun pelkoa ja ilman kuria, kykyä nauttia tekemästään ja sisäistä motivaatiota. Uusikylän mukaan luovuus tapetaan arvioinnilla, valvonnalla, kilpailulla sekä suorittajien ja sopeutujien palkitsemisella. Luovuus lisää onnellisuutta ja sen puuttuminen lisää mielenterveysongelmia. Myös Uusikylän näkemys osoittaa koulun epäonnistuneen luovuuden mahdollistamisessa.

Lauri Järvilehdon mielestä koulu on mestari flown tappamisessa. Järvilehdon mielestä lapsi pyrkii luontaisesti flow-tilaan eli tilaan, jossa taidon käyttäminen on optimaalisella iloa tuottavalla tasolla. Hänen mielestä on väärin, että koulussa tylsistymisestä tulee hyväksytty olotila.

Tylsyys ei ole harmiton olotila, sillä tutkimusten mukaan tylsyys aiheuttaa aivoissa stressihormoni kortisolin kasvua. Kortisoli puolestaan aiheuttaa pitkään altistettuna lukuisia sairauksia.

Opettajat eivät ole neroja. Miten tyypillinen opettaja edes teoriassa voi johdattaa oppilaita katsomaan maailmaa kyseenalaistaen ja uutta luoden kun hän ei osaa tehdä niin itsekään? Ristiriita on siinä, että oppilaat tarvitsevat ohjaajia, jotka katsovat maailmaa uudesta näkökulmasta, mutta nämä ihmiset harvoin löytyvät opettajan ammatista.

Koulujärjestelmämme vuoksi menetämme joka vuosi joukon potentiaalisia neroja. Järjestelmä ei pysty vastaamaan heidän lahjakkuuksiinsa eikä epätasaiseen taitoprofiiliinsa. Eri tavoin diagnosoiduille ja vammaisille oppilaille on Suomessa omat luokat, omat henkilökohtaiset opetussuunnitelmat ja onnekkaassa tilanteessa henkilökohtainen avustaja. Oppilaat, joiden poikkeavuus on yhdessä tai useammassa oppiaineessa keskiarvosta huomattavasti korkeampaa lahjakkuutta, eivät saa sopivaa opetusta. Peruskoulujärjestelmä ei ymmärrä, että toiseen suuntaan poikkeavat oppilaat ovat myös erityisoppilaita. Päättäjät odottavat Suomen kansalle neroja, mutta itse päättämällään koulutusjärjestelmällä he ovat tuhonneet tämän mahdollisuuden. On ymmärrettävää, että he eivät pysty näkemään tätä ongelmana, jos heidän joukossaan ei ole yhtään poikkeuksellisen lahjakasta henkilöä.

Joidenkin oppilaiden kohdalla tapahtuu virhearviointi. Luullaan että opinnot ovat kyseiselle oppilaalle liian vaikeita, kunnes on tajuttu että kyseessä onkin tavallista älykkäämpi oppilas, joka alisuoriutuu siksi että opinnot ovat hänelle liian helppoja. On myös oppilaita, jotka ylittävät opettajan tiedot ja taidot. He saattavat esimerkiksi neuvoa opettajaa tai näyttää opettajalle mikä oppikirjassa on virheellistä, vaikka opettaja itse ei sitä tiedä. Joskus on tarvittu ulkopuolisen asiantuntijan varmistus, että oppilas on oikeassa.

Useimmiten kun älykäs oppilas pyytää opettajilta omantasoista haastetta, sellaista ei ole olemassa. Syy ei ole opettajan, sillä hänellä on useimmiten tarjota vain lisätehtäviä. Peruskoulu on suunniteltu niin että lisähaastetta on määrässä, ei laadussa. Kun lahjakas oppilas tajuaa realiteetit, hän saattaa luovuttaa ja antaa lahjakkuutensa kuihtua.

Monet normaalia älykkäämmät oppilaat ovat kertoneet kiusaamisen johtaneen siihen, että he ovat päättäneet peittää alykkyytensä. Urheilullisesti ja taiteellisesti lahjakkaat oppilaat ovat ihailtuja, mutta ajatuksen tasolla lahjakkaat oppilaat herättävät hämmennystä normaalitasoisissa oppilaissa. Käytännön ja ajatuksen tason lahjakkuuksiin suhtaudutaan eri tavalla. Vitsailevathan aikuisetkin einsteineista, mutta urheilijaa ihaillaan. Ajatuksen tasolla lahjakkaan eli älykkään lapsen suhtautuminen muihin lapsiin on usein poikkeavaa. Hän ei esimerkiksi välitä tyhjänpäiväisestä small talkista eikä hänellä ole välttämättä yhteisiä puheenaiheita muiden lasten kanssa. Useimmat älyköt välttelevät keskusteluja yksinkertaisten ihmisten kanssa, koska se tuntuu samalta kuin ihminen yrittäisi komminikoida muurahaisen kanssa.

Tanskassa toimii koulu oppilaille, jotka ovat poikkeuksellisen älykkäitä, mutta joiden käytännön ja sosiaaliset taidot ovat normaalitasoa heikommat. Tällainen taitojen epäsuhtaisuus on tyypillistä esimerkiksi autismin kirjon ihmisille. Heidän joukossaan ovat mm. Aspergerin syndrooman ihmiset ja savant-ihmiset. Heillä on usein erityistä lahjakkuutta yhdellä kapealla sektorilla, mutta toisaalta tavalliset arjen asiat ilman avustajaa saattavat olla täysin mahdottomia. Tämän koulun oppilaat kertoivat hyvin onnellisina ja helpottuneina, että vihdoinkin heillä on mahdollisuus olla koulussa oma itsensä, koska he ymmärtävät toisiaan. He kokevat olevansa samalta planeetalta. He eivät ole toisilleen kummajaisia, joita he aikaisemmin olivat tavallisen luokan tavallisille oppilaille.

Integrointi tulee epäonnistumaan niin kauan kuin mahdollisimman heterogeeninen ryhmä yrittää toimia sovussa ilman psykologisia työkaluja. Virallinen tavoite on että lapset oppivat suvaitsevaisuutta. Tämä on kaunis tavoite, mutta ne henkilöt jotka tällaisia päätöksiä tekevät, eivät ymmärrä riittävästi psykologiaa. Jokaisella ihmisellä on omat heikkoudet, omituisuudet ja poikkeavuudet. Useimmat ihmiset yrittävät tukahduttaa tai peitellä näitä negatiivisina kokemiaan piirteitä. Se mikä toisessa ärsyttää, onkin pelkoa omaa epätäydellisyyttä kohtaan. Opettajan tehtävä olisi saada oppilaat sisäistämään tämä peiliteoria ja oppilaan tehtävä olisi se aidosti sisäistää. Ongelma on siinä, että opettajilla ei ole tälläistä ymmärrystä, koska he eivät ole saaneet siihen koulutusta. Oppilaan kohdalla asian ymmärtäminen vaatii sen tasoista älykkyyttä ja rohkeutta jota hyvin harvalla lapsella on. Tosin, ei sitä ole monella aikuisellakaan.

INFORMAATIO

Tuhannen kirjan lukeminen ei ole sen ansiokkaampaa kuin tuhannen pellon kyntäminen. - W. Somerset Maugham -

Kolmekymmentä vuotta sitten Ritari Ässä -sarjan autoa pidettiin fantasiana. Silloin ajateltiin, että koskaan ei tule sitä päivää kun auto voi oikeassa elämässä ajaa itsestään. Mutta se päivä tuli. Tänään se on totta. Todennäköisesti jo kymmenen vuoden kuluttua lekottelemme auton takapenkillä kun se ajaa meidät itsekseen perille. Me elämme aikaa, jossa ihminen ehtii kokea scifin toteutuvan omassa elämässään.

Nykyiset ekaluokkalaiset aloittavat työelämän suunnilleen viidentoista vuoden kuluttua. Tuohon ajankohtaan on erilaisia tulevaisuudentutkijoiden skenaarioita. Todennäköisin vaihtoehto on robotisaatio, jossa meiltä ovat kadonneet kaikki toistoa vaativat yksinkertaiset työt. Esimerkiksi siivoojien, autonkuljettajien, tehdastyöläisten ja myyjien työt ovat silloin siirtyneet robottien tehtäviksi. Ihmisille jäävät luovuuteen, keksintöihin, pohdiskeluun, hoitamiseen, kasvatukseen ja eettisiin kysymyksiin liittyvät tehtävät.

Toisen skenaarion vaikutukset voivat olla lyhyet, pitkät tai ikuiset. Tässä skenaariossa esimerkiksi sähkö- ja tietoliikenne tuhoutuu sodan, hakkeroinnin tai luonnonkatastrofien seurauksena. Tarvittavat taidot silloin tulevat olemaan esimerkiksi tulenteko, puunkaato, klapien teko, viljely, metsästys, kalastus, marjastus, kanankasvatus ja ruuan säilöntätaidot ilman sähköä. Tässä skenaariossa ei päivitetä viimeisimpiä kuulumisia sosiaaliseen mediaan, vaan keskitytään hengissä pysymiseen.

Emme tiedä mikä skenaario toteutuu. Tiedämme vain yhden asian. Maailma vuonna 2030 on hyvin erilainen kuin maailma nyt – joka tapauksessa. Muutokset tapahtuvat nopeammin kuin koskaan aikaisemmin. Jo viiden vuoden kuluttua saatamme elää maailmassa, jota kukaan ei osaa ennustaa tänään.

Jos koulun tehtävä on antaa elämässä tarvittavia tietoja ja taitoja, koulun tehtävä on mahdoton. Sillä ei ole kristallipalloa. Näin ollen on aivan sama mitä kukin oppilas opiskelee. Meidän täytyy kokonaan unohtaa ajatus taktikoinnista, jossa oppilaat opiskelevat sitä mitä he todennäköisesti tulevat tarvitsemaan. Ei ole olemassa mitään minkä voimme varmuudella ennustaa olevan oleellinen taito tulevaisuudessa.

Peruskoulun yksi älyttömyyksistä näin internetin tiedonhakupalveluiden aikana on tiedon ulkoa opettelu. Oppilaat lukevat varmuuden vuoksi valtavan määrän tietoa, josta suuri osa ei liity heidän elämäänsä mitenkään sillä hetkellä eikä kenties koskaan myöhemminkään. Yhdeksän vuotta hoetaan hauki on kala, mutta opintojen päätyttyä ei muisteta enää haukea eikä kalaa.

Tulevaisuudessa pelkkä tieto on turhaa. Oleellista on se, miten tietoa pystyy käyttämään ongelmien ratkaisemiseen ja uuden kehittämiseen. Opettajan rooli on siinäkin mielessä turha, että hän ei pysty tunkeutumaan oppilaan aivoihin saaden siellä ajatusprosessia liikkeelle eikä oppilaan mieleen saaden siellä motivaation syttymään. Useimmiten ne tapahtuvat tai jäävät tapahtumatta opettajasta riippumatta.

Ihminen tarvitsee oppimiseen ainoastaan peruslogiikan ja motivaatiota. Tämän jälkeen opiskelija pystyy etenemään itsenäisesti. Tämä pätee erityisesti reaaliaineissa. Koska internetin tiedonhaku on mahdollistanut tiedon etsimisen ja löytymisen, se on käytännössä korvannut reaaliaineiden opettajien tehtävät. Näin ollen nämä turhat ammatit voi lakkauttaa. Historian, uskonnon, filosofian, psykologian, biologian, maantiedon, terveystiedon ja kansalaistaidon opetus on turhaa siksi, että näissä oppiaineissa opettajan tehtävä on ainoastaan siirtää oppilaille samaa tietoa jota oppilas löytää muualtakin. Eri asia ovat kurssit, joissa keskustellaan edellä mainittujen oppiaineiden sisällöstä. Itse tiedon etsiminen ja löytäminen onnistuu kuitenkin itsenäisesti ilman opettajaa.

Myös Uusi koulutus -foorumi muistuttaa, että koulutuksen tavoite ei voi olla enää tiedon siirto, koska se kulkee jo lähes jokaisen koululaisen taskussa. Tieto ei ole enää sidoksissa kouluihin, vaan oppimista tapahtuu kaikkialla.

Albert Einstein tunsi suurta inhoa koulun mekaanisia opetusmenetelmiä kohtaan ja kritisoi asioiden pinnallista ulkoaopettelua syvällisen perehtymisen ja ymmärtämisen sijaan. Hän turhautui koulussa koska opetuksella ei ollut hänelle mitään tarjottavaa. Hän oli opiskellut omatoimisesti samat asiat jo kotona. Einstein sai koulussa ylimielisen häirikön leiman.

Yhteiskuntamme kannalta on noloa, että koulumme perusrakenne on edelleen samanlainen kuin Einsteinin kouluaikoina.

Suurin osa koulun antamista tiedoista ja taidoista ei liity ihmisten arkielämään. Siinä vaiheessa kun elämän punainen lanka on solmussa tai kokonaan kadoksissa, ei auta että osaa luetella suomen kielen sijamuodot tai tietää mikä on Ruotsin pääkaupunki. Yksi yhteiskunnan oletus on, että jokainen saa kotona tarvittavat elämäntaidot. Tämä ei pidä paikkaansa, vaikka teoriassa sen pitäisikin olla totta. Elämän arkea, kriiseistä puhumattakaan, auttaisi peruskoulussa saadut tiedot itsensä ja elämän ymmärtämiseen. Yhteiskunta ei voi olettaa, että joka kodissa asuu keittiöpsykologi, vaan sen kannattaisi jo peruskouluaikana tarjota kokonaisvaltaisen hyvinvoinnin pohdiskeluja. Tämä koituisi sekä yksilön että yhteiskunnan iloksi tulevaisuudessa. En näe tämänkaltaisia kursseja niinkään absoluuttisen totuuden tarjoajina, vaan enemmän oppilaiden välisenä pohdiskeluna hyvän elämän tekijöistä.

Yle Teemalla esitettiin vuosien 2010-2011 aikana Huumeluokka-nimistä dokumenttiohjelmaa. Huumeluokalla opiskelivat nuoret kanadalaiset alkoholistit ja narkomaanit. Heille opetettiin elämän tärkeimpiä asioita kuten itsensä hyväksyminen, itsensä rakastaminen, itsensä muuttaminen, elämän kriisit ja haasteet, valintojen tekeminen ja ihmissuhteet. Heidän kanssaan keskusteltiin elämän perustotuuksista. Ohjelmaa seuratessa ihmettelin, että miksi tätä kaikkea ei opeteta tavallisille oppilaille? Täytyykö nuoren olla ensin narkomaani, alkoholisti tai rikollinen? Suomessa nuoret ottivat ilahtuneina vastaan terveystiedon, koska se sisältää niitä elämässä tarvittavia tietoja, joista nuoret ovat aidosti kiinnostuneita. Terveystieto ei kuitenkaan kata kaikkea, mitä ihminen elämän kokonaisvaltaiseen hyvinvointiin ja haasteisiin tarvitsee. Jos todella halutaan toteuttaa valtioneuvoston tavoitteet elämässä tarvittavista tiedoista ja taidoista, niin elämäntaitojen opintoja on tarjottava koululaisille.

Kuinka moni tarvitsee arkielämässään inessiiviä ja illatiivia? Entä funktioita? Kuka tarvitsee kaikki ulkoaopetellut jokien nimet? Jos minun tarvitsee tietää Puolassa virtaavien jokien nimet ja sijainnit niin minä katson ne kartasta tai internetistä. Luulin, että jokien ulkoaopettelu on jo menneisyyttä, kunnes huomasin kollegani pitävän kokeen aiheesta Euroopan joet. Kari Uusikylä kirjoittaa täsmälleen samasta aiheesta että "kukaan ei taatusti miettinyt onko tässä mitään järkeä". Maantiedon opettajien yhteinen pakkomielle näyttää siis olevan se, että suomalaiskoululaiset osaavat maailman jokien nimet. Siihen löytyy varmasti joku valmis moniste, joka on helppo laittaa kokeeksi vuosi toisensa jälkeen. Kaikista eniten olenkin törmännyt yläasteiden aineenopettajissa asenteeseen, jossa he eivät yritäkään kehitellä mitään uutta. Useat heistä naureskelevat, että työ on niin helppoa kun kahdenkymmenen vuoden ajan on voinut laittaa samat piirtoheitinkalvot oppilaiden kopioitaviksi sillä aikaa kun itse lukee hesaria.

Oppilaat alistuvat liikaa siihen, mitä opettajat vaativat. Oppilaiden ja heidän huoltajiensa kannattaisi kyseenalaistaa informaation kerääminen ja vaatia opettajilta perusteluja tiedon osaamisen vaatimuksiin.

Peruskoulusta puuttuu ajattelun taidon opiskelu. Oppilaita ei opeteta kyseenalaistemaan eikä epäilemään. Päinvastoin. Jos oppilaat oikeutetusti kyseenalaistavat tiettyjä tehtäviä tai opintokokonaisuuksia, useimmat opettajat kokevat tällaiset mielipiteen ilmaisut röyhkeytenä. Koulusta puuttuu myös väittelyn kulttuuri. Useimmat opettajat suhtautuvat oppilaiden kritiikin esittämiseen nuivasti, mutta silti yläasteella yritetään väkinäisesti järjestää väittelyitä. Väittelyt ja keskustelut eivät nivoudu luonnolliseksi osaksi opiskelua, koska opettajilla on pakkomielle pysyä opetussuunnitelmassa. Jos opettajan tuntisuunnitelmassa ei etukäteen lue keskustelu, niin useimmiten opettaja ei anna sen toteutua spontaanisti, koska silloin opettajan laatima minuuttiaikataulu romuttuisi. Tyypillinen opettaja ei siedä improvisoitua ja suunnitelmasta poikkeavaa opetusta. Mielipiteen rohkea ilmaisu perusteluineen ja sen opettaminen pitäisi olla itsestäänselvää ensimmäiseltä luokalta alkaen. Kritiikkiä ei kuitenkaan pidä sekoittaa tyhjänpäiväiseen jankuttamiseen ja häiritsemiseen. Kritiikki on perusteltu mielipide, ei pelkkä keskisormi.

OPETTAJAT

Ellet voi tehdä työtä rakkaudella, parempi on sinun jättää työsi ja istua temppelin portilla ja ottaa vastaan almuja niiltä, jotka tekevät työtään ilolla. -Kahlil Gibran -

Oppilaalla on oikeus opettajaan, joka opettaa pedagogisella rakkaudella. Se tarkoittaa oppilaan aitoa ymmärrystä ja kunnioitusta. Se tarkoittaa, että opettaja ei tee työtään palkkansa, ei virkansa eikä järjestelmän vuoksi, vaan siksi että haluaa palvella oppilaita tuoden heidän elämäänsä niin paljon hyvää kuin se hänelle on mahdollista. Opettaja, joka työskentelee oikealla asenteella, ajattelee ensisijaisesti oppilaiden etua.

Tällaisia opettajia on kokemukseni mukaan vähemmistö kaikista opettajista. Jos vastakkain ovat opettajan ja oppilaan etu, opettajan etu menee edelle. Työskentelyn suurin motiivi on palkka.

Opettajan työ osoittautuu vuosien saatossa monelle rankemmaksi kuin oli kuvitellut. Tyypillinen opettaja ei ole rohkea riskinottaja, joten siksi hän mielummin sinnittelee uupuneena kuin hyppää tuntemattomaan. Nämä negatiiviset tunteet välittyvät oppilaisiin. Eivät oppilaat ole tyhmiä eivätkä sokeita. Kyllä he vaistoavat.

Pedagogisesta rakkaudesta kirjoittanut Simo Skinnari pitää opettajan tärkeimpänä kysymyksenä itselleen: kuinka voin olla avuksi oppilailleni heidän elämän tiellään?

Opettaja on siis palvelija. Hän on palveluammatissa, joka sopii vain tietynlaisille ihmisille. Valitettavasti opettajat muodostavat hyvin sekalaisen seurakunnan. Heidän joukossaan on näitä pedagogisen rakkauden opettajia, mutta myös niitä jotka eivät sovi opettajan työhön. Kansalaiset edelleen nostavat opettajan ammatin turhan korkealle jalustalle. Eivät he ole ihmisinä sen viisaampia kuin muutkin. Eivät pyhempiä. Eivät parempia. Heidän joukossaan on samalla tavalla kuin muissakin ammattikunnissa loistavat opettajat, surkeat opettajat ja kaikki siltä väliltä. Opettajat itse ja varsinkin heidän ammattilehtensä haluavat toki ylläpitää mielikuvaa siitä, että kaikki opettajat olisivat huippuammattilaisia. Emme me ole.

Opetus- ja kulttuuriministeriön kansliapäällikkö Anita Lehikoinen toteaa, että opettajia on hyviä ja huonoja, mutta meillä ei ole ratkaisuja siihen miten palkita hyviä opettajia ja rangaista huonoja.

Ehdotan, että oppilaat äänestävät ketkä opettajat saavat jatkaa työssään ja ketkä eivät. Huoltajat, rehtorit ja kuntapäättäjät eivät tiedä millainen kukin opettaja on. Vain oppilaat tietävät. Siksi heillä pitäisi olla oikeus päättää onko opettaja sopiva hoitamaan tehtäväänsä vai ei. Opettaja on palveluammatissa, jossa asiakkaina ovat oppilaat.

Ei kauppakaan ole kauppiaita ja myyjiä varten, vaan asiakkaita varten. Kauppaa uudistetaan asiakkaiden toivomusten mukaisesti, mutta vastaavasti koulua ei uudisteta sen asiakkaiden eli oppilaiden toiveiden mukaisesti. Koulussa opettajan rooli on samanlainen kuin kaupassa myyjän, kampaamossa kampaajan tai ravintolassa tarjoilijan. Jos olen tyytymätön palveluun tai ruokaan, voin vaihtaa ravintolaa. Oppilas ei voi vaihtaa opettajaa vaikka hän olisi miten surkea.

Uuteen peruskoulujärjestelmään ehdotan systeemiä, jossa tapauskohtaisesti huono opettaja irtisanotaan kuten yrityksissäkin. Tämän mahdollistaisi lakimuutos, joka lakkauttaisi opettajien viranhaltijajärjestelmän. Uusi opettaja valittaisiiin psykologisten soveltuvuustestien kautta.

Monet opettajat kantavat marttyyrin viittaa. He olettavat oppilaiden olevan kiitollisia ilmaisesta opetuksesta. Jos oppilaalla ei ole kiinnostusta opiskeltavaan aineeseen, opettaja ärsyyntyy oppilaan välinpitämättömästä asenteesta. Oppilas ei kuitenkaan voi olla kiitollinen sellaisesta, mihin hänet on pakotettu. Oppilaan asenne on täysin oikeutettu, koska hän ei ole pyytänyt kyseistä opetusta vaan hänet on siihen pakotettu. Ei hänen silloin tarvitse olla siitä kiitollinenkaan.

Simo Skinnarin Pedeagoginen rakkaus-kirjassa kahdeksasluokkalaiset kertovat kokemuksensa opettajista. Poika kirjoittaa: Koulu ahdistaa minua. Kun tähän vielä lisätään opettaja eli itse piinaaja, on tuskantäyteinen päivä valmis. Tyttö kirjoittaa: Olen huomannut, että on vain joitakin opettajia, jotka välittävät oikeasti. Sitten on niitä, jotka teeskentelevät välittävänsä, kun on vaikkapa vanhempia paikalla.

Yksi järjestelmän ongelma on se, että opettaja on ennen kaikkea virkamies, ei pedagogi. Järjestelmä valvoo noudattaako opettaja sääntöjä, ei sitä onko opettajalla ymmärrystä oppilaita kohtaan.

Anne Konun tutkimuksesta selviää oppilaiden kertomana että suurin osa opettajista ei ole kiinnostunut heidän ajatuksistaan, ei kouluun eikä muuhunkaan elämään liittyen. Opettajat useimmiten myös välttävät oppilaiden kanssa keskustelua, joka ei suoraan liity opiskeltavaan asiaan. Konun tutkimusta tukee Anu Arposen tutkimustulos, jonka mukaan yli puolet suomalaisista oppilaista kokee, ettei opettajalla ole aikaa kuunnella heitä. Sama tutkimus osoittaa myös että stressin uuvuttama opettaja hoitaa vai välttämättömät työtehtävät, koska opetuksesta on muodostunut hänelle tuskastuttava työmaa. Näin ollen hänellä ei ole aikaa eikä energiaa sitoutua oppilaan hyvinvointiin.

Kumpi on tärkeämpää: keskustella oppilaiden mieltä painavista asioista vai kahlata tunnollisesti kirja viimeiseen kappaleeseen asti ennen suvivirttä? Koen, että opettaja on kahden tulen välissä. Hänen täytyy valita toteuttaako opetussuunnitelmaa tunnollisesti silloinkin kun se sotii omaa näkemystä ja oppilaiden hyvinvointia vastaan vai ottaako rennommin ja jättää osan tavoitteista täyttämättä. Onnittelut kaikille opettajille, jotka eivät ole päässeet lukuvuoden aikana oppikirjoissaan loppuun asti. Se tarkoittaa, että he ovat keskustelleet oppilaiden kanssa muustakin kuin itse oppiaineesta tai muuten vain edenneet riittävän kiireettömästi.

Uusi koulutus -foorumi muistuttaa että rehtorin tehtävä on luoda edellytykset sille, että oppilaat löytävät intohimonsa ja vahvuutensa sekä pääsevät käyttämään niitä. Rehtori on opettajien ja kouluavustajien tavoin oppilaiden palvelija. Tavoitteiden suunnittelu yhdessä oppilaiden kanssa pitäisi olla itsestäänselvyys rehtorin palvelutehtävässä.

Näin kuuluisi olla, mutta todellisuus on usein päinvastainen. Olen työskennellyt opettajana sellaistenkin rehtorien alaisuudessa, joiden työn ainoa motiivi on valta. Sinänsä huvittavaa, koska ei se mikään maailmanvaltiaan palli ole. Erään tutkimuksen mukaan psykopaatteja on kaikista eniten vankien ja johtajien keskuudessa. Kokemukseni perusteella heitä on eksynyt koulujenkin johtoon.

Eräässä koulussa vuoden työskenneltyäni oma, oppilaitteni ja huoltajien toivomus oli että jatkaisin seuraavankin vuoden. Rehtori ei halunnut. Tämän tiedon saatuaan oppilaat ja heidän huoltajansa olivat tietämättäni pyytäneet rehtorilta, että saisin jatkaa. Edelleen rehtorin vastaus oli ei, ilman yhtään järkevää perustelua. Kun ihmettelin asiaa kollegoilleni, he kertoivat että kyseinen rehtori kerää ympärilleen ainoastaan häntä mielistevää hoviväkeä, hiirulaisia, ei sellaisia rohkeita ihmisiä kuten minä. Osa opettajista oli saanut viran jo aiemmin, joten heitä rehtori ei voinut heittää pihalle. Tämän sairaan kuvion tajuttuani lauoin seuraavassa opettajan-kokouksessa suorat sanat rehtorille kaikkien kuullen. Seuraava aamu opettajanhuoneessa oli mielenkiintoinen. Puolet opettajista ei suostunut edes tervehtimään minua ja puolet opettajista tuli kiittämään rohkeuttani. Näin minulle loppumetreillä selvisi, kumpaan leiriin kukakin kuului.

Toisessa koulussa rehtorin periaate oli, että oppilaita saa käskyttää miten haluaa eikä heille tarvitse perustella mitään millään lailla. Kolmannessa koulussa rehtori ei halunnut puuttua oppilaiden kiusaamistapauksiin edes pyydettäessä.

Edellä mainitut tapaukset eivät ole keskiajalta, vaan 2000-luvun Suomesta.

Opettaja-lehden yleisönosastolle kirjoitti tänä vuonna opettaja nimimerkin takana seuraavasti: Olen monta kertaa ajatellut että voi kun vanhemmat tietäisivät ja puuttuisivat asiaan. Meidät opettajat on saatu hiljaisiksi, kenet milläkin keinoin.

Jos opettajalla on samanlainen pelko esimiestään kohtaan kuin naapurimaan toisinajattelijalla, vaikuttaa ahdistus väkisinkin myös oppilaisiin.

Yrityksen tai koulun ilmapiiri, hyvinvointi ja onnistuminen on tunnetusti yhtä kuin sen johtaja. Jos haluaa totuuden, kysykää oppilailta. Nykyajan oppilaat kertovat rohkeasti ja avoimesti mielipiteensä henkilökunnasta. Aikuisten kannatta myös käydä koululla tavallisena koulupäivänä tunnustelemassa ilmapiiriä. Ainakin herkkävaistoiset eli intuitiokykyiset ihmiset vaistoavat, mikä on koulun henki. Varsinkin voimakkaasti hyvinvoiva tai voimakkaasti tulehtunut ilmapiiri suorastaan vyöryy päälle. Tämä on poliisienkin käyttämä metodi. Moni poliisi on kertonut, että heidän tärkein työkalunsa on intuitiokyky. Useissa tilanteissa tämä kyky on paljastanut jonkin oleellisen seikan, vaikka järki ei olisi sitä huomannut. Nyt en tarkoita Hercule Poirotia enkä Miss Marplea, vaan tavallisia suomalaisia rivipoliiseja.

Rehtoreista seuraava päättäjätaso ovat kuntapäättäjät, joilla ei ole riittävästi tietoa koulutukseen liittyvistä seikoista, mutta siitä huolimatta he tekevät suuria päätöksiä lapsiemme puolesta. Eräs kuntapäättäjä pyysi jälkikäteen julkisesti anteeksi sitä että oli äänestänyt koululaisten kannalta ikävän asian puolesta. Hän myönsi ettei ymmärtänyt päätöksensä seurauksia ennen kuin ne konkretisoituivat. Koululaisten huoltajilla on oikeus ja velvollisuus lastensa puolesta laittaa kuntapäättäjät tilille lapsia koskevista päätöksistään.

OPETTAJANKOULUTUSLAITOS

Ne jotka osaavat, tekevät. Ne jotka eivät osaa, johtavat.
Ne jotka eivät osaa johtaakaan, opettavat.

Miksi meillä on opettajia, jotka eivät ymmärrä oppilaita?
Siksi, että opettajankoulutuslaitoksen tavoite ei ole edes
löytää sellaisia ihmisiä. Se korostaa akateemista
osaamista niin tullessa kuin lähtiessäkin.
Opettajankoulutukseen pääsee kun on keskitason
kirjanoppinut, osaa kirjoittaa sujuvasti sekä osaa
haastattelussa ja opetusnäytteessä esittää positiivista
persoonaa. Sinne hakee moni, joka haluaa
korkeakoulutasoisen tutkinnon ja siistin sisätyön, mutta
lahjakkuus ei riitä muualle. Opettajankoulutukseen
hakeville ei ole psykologisia testejä. Pedagogisesti
vaativan ammatin opintoihin pitäisi ehdottomasti olla
pari päivää kestävät psykologiset testit, jotka paljastavat
sopivuuden ja motivaation opettajan työhön.

Opiskelutoverini haki psykiatrisen sairaanhoitajan koulutukseen, mutta ei päässyt siitä syystä että psykologisten testien perusteella hän kuului mielummin hoidettavien kuin hoitajien puolelle. Hän pääsi opettajankoulutukseen lähes täysillä pisteillä.

Seuraava ongelma on opettajankoulutuksen sisältö. Se ei kouluta lasten ymmärtämiseen eikä työn psykologiseen vaativuuteen. Ainakaan minun opiskeluaikanani koulu ei antanut mitään oleellista tietoa eikä taitoa, mutta vastaavasti kaikenlaiseen epäoleelliseen kyllä käytettiin aikaa.

Hulluinta opettajankoulutuksen vaatimuksista on gradun tekeminen. Ei opettajasta tutkijaa tule, vaan pedagogi. Mitä opettaja tekee tieteellisellä lopputyöllä kun oppilas heittää tuolin ikkunan läpi? Graduun käytettävä osuus on valtavan suuri, vaikka yksikään oppilas ei tule siitä hyötymään. Vuoden opiskeltuani totesin opiskelutovereilleni että ei tämä putiikki tarjoa teille sitä mitä te tulette työssänne tarvitsemaan. Eivät uskoneet ennenkuin aloittivat työnsä.

Opettajankoulutuksen akateemisuudesta on luovuttava. Tilalle on otettava koulutus ja pääsykokeet, jotka varmistavat että tulevaisuuden opettajat tekevät työtään aidosti oikealla asenteella. Ei akateemisuutta. Ei graduja. Ei ylimielisiä maistereita. Ainoastaan ihmisiä, jotka aidosti ymmärtävät ja pystyvät tukemaan koululaisia.

KOULULAISTEN PELASTAJAT

Vaikka viisi miljoonaa ihmistä ei alkuun uskoisikaan hyvään ideaasi, älä luovu siitä. Viiden vuoden kuluttua he voivat olla täysin eri mieltä, koska yksi ihminen ei antanut periksi – sinä.

- Positiivarit -

KANSALAISOPISTO-MALLI

Missä ihminen elää ihmisten keskuudessa, siihen voidaan soveltaa ajatus vapaaehtoisesta suunnitelmallisesta yhteistoiminnasta yhteisön hyväksi. Se on jotain toista kuin se apinakulttuuri ja orjuuttaminen. Ihmisessä on tämä mahdollisuus. Kun se vain herätetään, niin ihminen pystyy siihen. Tämä on näytetty toteen. Nyt on vain ajan kysymys, että saammeko ihmiset heräämään kyllin suurin joukoin niin että suunta muuttuu.

- Yrjö Kallinen, opetusneuvos -

Uudeksi peruskoulujärjestelmäksi olen suunnitellut kansalaisopisto-mallin, joka on kuin opintojen suuri tavaratalo. Malli yhdistää kunnan peruskoulut, kansalaisopiston ja harrastusryhmät. Kaikki edellä mainitut, jotka nyt toimivat erillään, ovat tulevaisudessa yhtä suurta kokonaisuutta ja ne yhdistetään saman organisaation alle. Järjestelmä perustuu kokonaan vapaavalintaisille oppiaineille joko oppivelvollisuuteen tai oppioikeuteen perustuen. Jokainen oppilas saa valita itselleen mieluisimmat oppiaineet siitä tarjonnasta, joka kullakin kunnalla on.

Uusi koulutus-foorumilla on samankaltainen idea, jossa oppilaat työskentelevät oppimiskylissä, jotka ovat tiiviissä vuorovaikutuksessa ympäröivän maailman kanssa. Heidän visiossaan oppilaitokset, yritykset, yhteisöt ja järjestöt muodostavat yhteisön, jossa oppilaat saavat kokeilla taitojaan esimerkiksi autokorjaamossa, ajatushautomossa tai vanhainkodissa, jotka ovat samassa pihapiirissä.

Olen tullut foorumin kanssa samaan johtopäätökseen, että tarvittavat koulujärjestelmän muutokset eivät vaadi lisää rahaa. Vapaavalintaisten opintojen järjestelmissä, kuten kansalaisopisto-malli tai oppimiskylä-malli, ei ole kysymys lisärahoituksesta vaan ainoastaan uudelleen organisoinnista. Koulujen, kansalaisopiston ja harrastusryhmien yhteen organisointi sekä opettajien viranhaltijajärjestelmän lakkauttaminen riittävät. Loppujen lopuksi kyse on tahdosta. Missä on tahto, siellä on tie.

Kansalaisopisto-mallin ydin on siinä, että se ei ole ainoastaan peruskouluikäisille vaan aivan kaikille kuntalaisille. Jokainen kuntalainen saa valita tästä jättiläiskansalaisopistosta mieleisensä kurssit. Etusijalla ovat peruskoululaiset. Sen jälkeen jäljelle jäävät vapaat paikat jäävät muiden kuntalaisten haettaviksi. Kansalaisopistot ovat kiitettävän täynnä erilaisia kursseja jo nyt. Taitotasojakin on runsaasti alkeiskursseista eritasoisiin jatkokursseihin asti myös pienissä kunnissa. Kun kansalaisopiston tarjontaan yhdistetään myös koulun ja harrastusryhmien tarjonta, saadaan sekä oppiaineiden että tasoryhmien suhteen valtavan suuri tarjonta jopa pienissä kunnissa.

Kansalaisopisto-malli mahdollistaa kaikenikäisten opiskelun yhdessä. Samalla kurssille voi osallistua lapsi, teini-ikäinen, keski-ikäinen ja vanhus. Tämä malli olisi samalla vastaus siihen, miten yhteiskunnassamme kaikenikäiset saataisiin luontevasti yhteen.

Malli edistää myös aitoa elinikäistä oppimista. Tällä hetkellähän elinikäinen oppiminen on peruskoulun oppivelvollisuuden näkökulmasta ristiriitainen tavoite. Niin kauan kuin jokainen oppivelvollinen opiskelee samoja asioita aloittaen ja lopettaen samanikäisenä, elinikäisen oppimisen idea katoaa. Kaikki voittaisivat järjestelmässä, jossa jokainen saa opiskella siinä elämänvaiheessa, kun aito motivaatio opiskeltavaan asiaan syttyy.

Elinikäisen oppimisen idea täytyy toimia niin, että yhteiskunta ei pakota opiskelemaan kaikkea varmuuden vuoksi jo lapsuuden aikana. Ei ole mitään perustelua ängetä kaiken opiskelemista lapsuuteen. Aitoa elinikäistä oppimista on se, että saa opiskella silloin kuin se itselle sopii: kymmenenvuotiaana, satavuotiaana tai ei koskaan.

Kansalaisopisto-malli toimii käytännön tasolla niin, että oppilas valitsee joka kevät itselleen mieleiset oppiaineet seuraavaa vuotta varten. Jaksoja voi olla kahdesta neljään lukuvuoden aikana, kuten tälläkin hetkellä. Kun oppilas valitsee esimerkiksi kuudennella luokalla seuraavan vuoden kurssit, hän on sitoutunut niihin koko seitsemännen oppivuoden ajan. Seuraavat valinnat hän tekee seitsemännen luokan keväällä. Hänellä on oikeus valita samat aineet, eri aineet tai molempia. Oppilaalla täytyy olla oikeus vaihtaa kurssia oppiaineen ensimmäisen vuoden jälkeen. Ensimmäisen vuoden aikana hänelle selviää onko kyseinen kurssivalinta hänelle sopiva vai sopimaton. Kurssista riippuen oppilaat opiskelevat joko opettajajohtoisesti ryhmänä, täysin yksilöllisen suunnitelman mukaisesti tai molempia vuorotellen. Pienimmät oppilaat ja erityisen tuen oppilaat saavat kouluavustajat kulkemaan vierellä ja ohjaamaan missä pitää milloinkin olla. Tämän tehtävän voi hoitaa myös vapaaehtoinen työntekijä, isä, äiti tai isovanhempi.

Koululaitos on toistaiseksi hukannut mahdollisuuden vapaaehtoistoimintaan siinä määrin kuin se hyvin organisoituna olisi mahdollista. Vapaaehtoistyö kouluissa on hyvin satunnaista. Sitä ei ole organisoitu valtakunnallisesti eikä kunnallisesti. Joissakin yksittäisissä kouluissa tai luokissa vierailee koulumummoja ja kouluvaareja, mutta suurin osa kunnista ei ole edes yrittänyt järjestää tällaista toimintaa. Mallia voisi ottaa vanhus- ja vammaisjärjestöjen vapaaehtoistyön organisoinnista. Vaikka kansalaisopisto-malli parhaimmillaan yhdistääkin lapset ja vanhukset, voisivat kunnat sen lisäksi kannustaa eri ikäisiä vapaaehtoisia koululaisten avuksi.

Otetaan käytännön kurkistus tulevaisuuden kansalaisopisto-malliin. Esimerkkeinä käytän kahta kymmenenvuotiasta oppilasta, jotka molemmat valitsevat oppiaineensa kiinnostuksensa sekä tieto- ja taitotasonsa perusteella seuraavalle vuodelle.

Oppilas A valitsee oppiaineet kitaran soitto taso 3, akryylimaalaus, englannin kielen taso 4, tarinan kirjoittaminen taso 2, matematiikka taso 1 ja tanssi.

Oppilas B valitsee oppiaineet matematiikka taso 4, kemia ja fysiikka taso 7, englannin kieli taso 1, filosofia, jooga ja minustako keksijä -kurssi.

Kokeita ja todistustuksia ei ole. Näin varmistetaan, että opiskelu tapahtuu oppilaan itsensä vuoksi – ei numeroiden. Jatko-opintoihin haetaan soveltuvuustestien ja näyttökokeiden kautta.

Kun oppilaat ovat saaneet kertoa millaisia uudistuksia he tekisivät, jos saisivat päättää, suurin osa heidän ideoistaan on ollut täysin toteuttamiskelpoisia. Mielenkiintoista on ollut, että koulusta ja luokasta riippumatta varteenotettavat ideat ovat olleet yllättävän samankaltaisia. Näiden kyselyjen perusteella kaikki oppilaat kaipaavat enemmän tai vähemmän radikaaleja muutoksia koulujärjestelmään.

Kuntien epätasa-arvoinen opintotarjonta täytyy tulevaisuudessa hyväksyä samanlaisena faktana kuin se, että kuntien tarjonta ylipäänsä on erilaista kuntien kesken. Simpeleläinen hyväksyy sen, että Simpeleellä ei ole oopperataloa. Jos se olisi hänen elämänsä kynnyskysymys, niin hän muuttaisi Helsiinkiin sen sijaan että alkaisi vaatia oopperataloa Simpeleelle. Samalla tavalla kun pidämme itsestäänselvänä että jokaisessa kunnassa ei ole samanlaisia palveluita, meidän täytyy pitää itsestäänselvänä että jokaisessa kunnassa ei ole samanlaista opintotarjotinta. Toisaalta kuntien kannattaa hyödyntää valttikorttinsa. Enontekiön kunta voi tarjota oppilailleen tunturivaellusta, mutta Helsinki ei. Mielikuvitusta käyttäen kunnat ja koulut voivat loihtia mitä mielenkiintoisimpia kursseja.

Kun katsoo miten monipuolinen tarjonta on vain 10 000 asukkaan kunnan kansalaisopistossa, tietää että valinnanvaraa löytyy kaikille.

Suurin muutos on uudelleen organisointi ja opettajakunnan vaihtuminen. Joidenkin opettajien työ loppuu ja vastaavasti suosituimpien oppiaineiden kursseille täytyy rekrytoida uusia ohjaajia. Joka tapauksessa opettajien lukumäärän voi pitää suunnilleen samana. Tietysti pienemmät opiskeluryhmät auttaisivat, mutta se vaatii poliittisen tahdon muutosta rahakirstun suhteen.

Tästä kuviosta pääsemme mielenkiintoiseen ilmiöön nimeltä opettajien suojatyöpaikat. Opettajista suurin osa on tuudittautunut siihen todellisuuteen, että heillä on vakinaiset virat eläkkeelle asti. Niin kauan kuin opettaja ei tee selkeää virkavirhettä, hän saa pitää tämän elinikäisen virkansa. Tämä viranhaltijasysteemi on kuitenkin lakkautettava. Jos esimerkiksi matematiikan opettajalle ei enää riitä työtä niin paljon kuin aikaisemmin, niin se ei saa olla syy vanhan järjestelmän säilyttämiseen. Moni muukin suomalainen on menettänyt työnsä. Moni suomalainen työskentelee pätkätöissä. Suurin osa suomalaisista työskentelee ilman elinikäistä virkaa. Miksi opettajien vakinaisia virkoja ei kyseenalaisteta? Miksi opettajilla pitäisi saada olla varmuus elinikäisestä työpaikasta kun sitä ei ole enää muillakaan? Liian moni opettaja työskentelee suojatyöpaikassa, jossa on vuosikaudet saanut kaikessa rauhassa pyörittää samaa levyä.

Varsinkin niin sanotussa sisäänajovaiheessa, kun ei vielä tiedetä millaisia opettajia tarvitaan, täytyy koulujärjestelmän elää vuosi kerrallaan. Muutamassa vuodessa kunkin kunnan kurssivalikoima on todennäköisesti vakiintunut. Muutaman vuoden jälkeen tiedetään, millaiset kurssit kiinnostavat oppilaita eli ketkä opettajat todennäköisesti jatkavat. Vastaavasti tiedetään keille opettajille voidaan sanoa kiitos ja näkemiin. Myös koululaitoksen on hyväksyttävä jatkuvan muutoksen todellisuus.

Monella opettajalla on pelko kipeän totuuden kohtaamisesta. Tämä pelko tulee näyttäytymään suurena vastustuksena siinä vaiheessa, kun päätetään opettajien virkojen lakkauttamisesta. Valinnaisen oppiaine-järjestelmän kautta työnsä menettänyt opettaja joutuu myöntämään, että on opettanut oppiainetta, joka ei ole kiinnostanut oppilaita. Vielä enemmän satuttaa työn menettäminen sen vuoksi että oppilaat eivät halua valita kyseisen opettajan kursseja. Opettajan on kuitenkin uskallettava katsoa peiliin, aivan kuten muissakin ammateissa. On uskallettava nähdä tämäkin tabu.

PERSONALISTINEN PEDAGOGIIKKA

"Ei kukaan tee mielellään pakkotyötä, vaikkei hänellä olisi mitään erityistä tätä työtä vastaan. Juuri pakko vaikuttaa lamaannuttavasti." - Celestin Freinet -

Personalistiset pedagogiikat eivät perustu pakkoon kuten suomalainen peruskoulujärjestelmä, vaan lapsen kunnioittamiseen. Niiden tavoite on oppilaan aito kiinnostus opiskeltavaan asiaan. Suomalainen peruskoulu estää personalistisen oppimisen. Sen oppimisen lähtökohta perustuu täysin päinvastaiseen käsitykseen.

Kasvatustieteen tohtori Leena Kurki on tutkinut aihetta vuosikymmeniä. Hänen tutkimustuloksensa osoittavat, että personalistinen pedagogiikka toimii käytännössä. Oppilaan ja opettajan välit ovat avoimet, kunnioittavat ja rakastavat. Oppilaan valintoja, itsenäistä työskentelyä ja mielikuvituksen kehitystä tuetaan voimakkaasti. Oppilas kokee tulleensa kohdelluksi persoonana.

Personalismin lähtökohdat voi tiivistää kahteen ajatukseen. Ihminen on uniikki ja ihminen on vapaa. Vapauteen liittyy aina valinnan vastuu. Personalismin tavoitteena on, että ihmisellä on kyky tehdä vapaita ja vastuullisia päätöksiä. Koulun velvollisuus on auttaa yksilöä kutsumuksensa löytämisessä. Ihminen kykenee itse muuttamaan itseään ja tulemaan sellaiseksi kuin haluaa. Sitä ei voi tehdä kukaan muu hänen puolestaan. Kasvatuksen tehtävä on auttaa jokaista olemaan oma itsensä ja olemaan vastuussa omasta kehityksestään. Persoona löytää yksin kutsumuksensa. Kukaan muu ihminen ei voi ottaa tätä tehtävää. Valintoja tehdessään yksilö täyttää omaa kutsumustaan. Vertailu ja kilpailu oppilaiden kesken pyritään minimoimaan.

Jo Platon, Sokrates ja Aristoteles aikoinaan pyrkivät siihen, että oppilas itse löytää oman totuuden. Opettaja ei pyri sitä antamaan. Heitä matkien voisimme kääntää tyypillisen peruskoulun opetustilanteen päälaelleen. Sen sijaan että opettaja kertoo oppilaille mitä hän tietää, voisivat oppilaat kertoa opettajalle mitä he haluavat tietää tai mikä heitä mietityttää. Sitten yhdessä opettajan kanssa tai hänen ohjeidensa avulla oppilas lähtee selvittämään asiaa. Näin oppilaalla on sisäinen motivaatio asian opiskeluun, koska hän itse on ollut alunperin siitä kiinnostunut.

Montessori-pedagogiikka on toiminut maailmalla menestyksellä jo 100 vuoden ajan. Suomessa tätä pedagogiikkaa on kokeiltu erittäin vähän. Monissa maissa Montessori-kouluja on runsaasti ja joissakin maissa koululaisen vanhemmat saavat päättää valitsevatko tavallisen opetuksen vai montessoriopetuksen.

Lääketieteen tohtori ja pedagogi Maria Montessorin keksimää opetusmenetelmää pidettiin aikansa ihmeenä, koska hän sai sillä aikaan parempia oppimistuloksia vammaisten lasten kanssa kuin normaali opetusjärjestelmä normaalien lasten kanssa. Siksi Montessoria pyydettiin kokemustensa perusteella kouluttamaan muitakin opettajia ja näin montessorikoulut saivat alkunsa.

Montessorin mielestä kenellekään ei voi opettaa mitään. Jokainen oppii itse sen mitä oppii. Montessori painotti oppilaan oma-aloittellisuutta, ongelmanratkaisukykyä ja itsenäistä syy-seuraussuhteitten löytämistä. Montessoripedegogiikka opettaa oppilasta myös kysymään, tutkimaan ja arvioimaan.

Montessorikoulun opettajat eivät opeta lapsia. Sen sijaan lapset oppivat itse. Tarvittaessa lapset tulevat pyytämään apua tai tarvittavaa tietoa opettajalta. Samalla tavalla lapset oppivat kotonakin. Montessoriopettajat ovat huomanneet, että lapset itse huomaavat virheet ja osaavat kokeilemalla löytää oikean ratkaisun. Oppilaat kokoontuvat aamuisin opettajan kanssa ympyrään lattialle istumaan. Pelkästään jo tämä luo konkreettisen tasa-arvon opettajan ja oppilaiden kesken. Peruskoulussa opettaja on yleensä luokan edessä monologia esittävä näyttelijä. Opettaja ei kuitenkaan saisi olla keskipisteenä, vaan oppilaat. Kun montessoriopettaja on antanut oppilaille vaihtoehdot, jokainen oppilas valitsee sillä hetkellä mieleisen tekemisen. Oppilas saa valita työskenteleekö hän yksin vai parin kanssa. Yleensä jatketaan jo aloitettua oppimisprosessia. Montessorikoulussa on vähän kirjoja ja paljon konkreettista opetusmateriaalia. Vanha kansakin tietää, että lihasmuisti on paras muisti. Tähän totuuteen perustuu lapsen työskentely konkreettisten materiaalien avulla. Oppilaat saavat vapaasti kulkea luokassa ja käytävillä sekä valita mieleisen opiskelupaikan.

Kun lapselle annetaan itsenäisyys ja valinnan vapaus, seurauksena on sisäinen motivaatio, uteliaisuus ja keskittymiskyky. Mary Hayes ja Kerttu Höynälänmaa kirjoittavat, että lapsen työskennellessä omasta vapaasta tahdostaan ilman pakkoa ja kilpailua, hän vapautuu ylirasituksen vaarasta ja alemmuudentunteesta. Montessoripedagogikka kehittää koko persoonallisuutta, harkintakykyä, aloitekykyä ja itsenäistä valintaa. Toteutus täytyy kuitenkin aloittaa heti ensimmäisellä luokalla. Jos oppilaat ovat ensin tottuneet vuosien ajan opettajajohtoiseen opetukseen, voi olla mahdotonta heittäytyä yhtäkkiä oma-aloitteisiksi. On kokemuksia, joissa oppilaat ovat ensin vuosien ajan joutuneet tukahduttamaan aidon innostuksen tutkia asioita ja myöhemmin aktiivisen roolin saatuaan eivät enää osaa toimia itsenäisesti.

Celestin Freinet'n pedagogiikan yksi oleellinen tavoite on innostaa lapsia kyseenalaistamaan yhteiskuntaa. Freinet halusi kriittisiä, kantaa ottavia ja itsenäisesti ajattelevia ihmisiä. Koulussa oppilaat itse valitsevat mistä asiasta haluavat tietää ja oppia lisää. Oppilaat pitävät jo ala-asteella luokkakokouksia, joissa he keskenään suunnittelevat ja päättävät jokaisen oppilaan vastuualueen. Alkuperäisissä Freinet'n kouluissa oppilaat painattivat itse kirjansa, joissa oli oppilaiden itsensä keksimiä tarinoita. Ajatuksena on, että oppilaan työ on niin arvokasta oppilaalle itselleen, että hän ei heitä sitä roskakoriin.

Steinerpedagogiikka painottaa yhtä paljon käytännön työtä ja taiteellista työtä kuin tietoa. Oppilaan tahtoa, tunnetta ja ajattelua kehitetään tasapuolisesti. Valmiita oppikirjoja ei ole. Kokonaisvaltainen oppiminen tapahtuu niin, että samaa aihetta opiskellaan esimerkiksi neljän viikon ajan kaikkien oppiaineitten tunneilla. Näin vältetään peruskoululle tyypillinen sirpalemainen nippelitiedon opettelu. Steinerkouluissa korostetaan myös arkkitehtuurisia ja sisustuksellisia valintoja kuten värejä, muotoja ja materiaaleja, sillä niilläkin on vaikutus oppilaan hyvinvointiin.

Juho Norrena huomasi opettajaksi valmistuttuaan että uusia opetuksen muutosmalleja ei olekaan. Niimpä hän kehitti Tanja Norrenan kanssa uuden opetuskäytännön, joka korostaa oppilaiden laaja-alaista ideointia, opettajan luottamusta heihin ja oppilaiden luottamusta itseensä. Yksi projekti kestää 2-3 viikkoa. Sen voi toteuttaa videonäytelmänä, satuna, sarjakuvana, lautapelinä tai muuna oppilaita motivoivana tapana. Aloitusvaiheessa oppilaat määrittelevät itse tavoitteet. Tiedonhaussa he keräävät itse tiedon. Soveltamisvaiheessa luodaan sellainen tuotos, jota ei ole aiemmin nähty. Viimeiset vaiheet ovat tuotoksen esittely ja oppilaiden oma arviointi projektin onnistumisesta. Tämä toimintatapa on täysin vastakohta sille perinteiselle opiskelulle, jossa oppilaat istuvat passivisina ja tylsistyneinä. Perinteisessä mallissa opettaja on aktiivinen, Norrenan mallissa oppilas saa olla aktiivinen. Perinteisessä mallissa opettaja on määritellyt tavoitteet ja metodit, hankkinut tiedon, teettää oppilailla vanhan toistoa ja lopuksi arvioi tuotoksen. Norrenan mallissa oppilas tekee tämän kaiken itse ja lisäksi luo jotain uutta. Ihanteellisessa tilanteessa jokainen lapsi löytää piilossa olevan taitonsa. Tämä edellyttää vapautumista perinteisestä opetuksesta. On käännettävä opettajan ja oppilaan roolit ylösalaisin. Oppilaasta tulee aktiivinen. Opettajan tehtävä on ainoastaan kuunnella ja tukea oppilaita.

KOTIOPETUS

Kansalaisilla on peruuttamaton oikeus viettää elämäänsä valitsemallaan tavalla, kun siitä ei koidu haittaa muille.

- Jyrki Korkeila, psykiatrian professori -

Monella on käsitys, että Suomessa on pakko mennä kouluun. Tämä ei ole totta, koska Suomessa on mahdollisuus valita kotiopetus.

Kotiopetuksesta on monella vääriä käsityksiä. Olen törmännyt jopa rehtoreihin ja opettajiin, joilla ei ole oikeaa tietoa kotiopetuksesta – tavallisista kansalaisista puhumattakaan. Oikaistakseni väärät luulot, kerron tässä mitä kotiopetus on ja ei ole.

Jokaisella huoltajalla eli pääsääntöisesti isällä ja äidillä on oikeus ilmoittaa lapsensa jäävän kotiopetukseen. Ilmoituksen voi tehdä milloin tahansa, myös kesken kouluvuotta. Ilmoitus lähetetään kirjallisena kunnan sivistys- tai koulutoimenjohtajalle. Ilmoitukseen riittää seuraava lause: Lapsemme A.A. aloittaa 1.1.2016 alkaen opiskelun kotiopetuksessa. Kirjeen loppuun huoltajien nimet. Tämä riittää.

Kotiopetuspäätöstä ei tarvitse mitenkään perustella.

Lapsen kotiopettajalla ei tarvitse olla mitään koulutusta. Moni on kuvitellut, että kotiopettajalla täytyy olla opettajan pätevyys, mutta näin ei todellakaan ole. Ymmärtääkseni lapsen kotiopettajan ei tarvitse olla edes hänen äitinsä tai isänsä, vaan periaatteessa kuka tahansa sopiva henkilö. Kotiopetus voidaan toteuttaa myös usean koululaisen ja heidän huoltajiensa yhteistyöllä esimerkiksi niin, että huoltajat opettavat kotiopetusryhmää vuorotellen oman ammattitaitonsa perusteella.

Kotiopetuksen päivät ovat useimmiten huomattavasti lyhyempiä kuin koulussa. Tämä johtuu enimmäkseen siitä että kaikenlainen ylimääräinen sählinki, jota kouluopetuksessa jatkuvasti esintyy, jää kotiopetuksessa pois. On aivan normaalia että koulun oppitunnilla puolet ajasta menee kaikkeen muuhun kuin varsinaiseen opiskeluun. Kotiopetuksessa käytetty aika on intensiivistä ja tehokasta. Se on myös laadukasta, koska opettajan huomio ei jakaannu vähintään 20 oppilaalle. Myös jatkuvat välituntiruljanssit joka tunnin välein voi jättää pois ja ulkoilla kokonaisen tunnin tai useiden tuntien ajan kerralla. Näin samalla hoituu myös kotiopetuksen liikuntatunnit.

Oppilas käy kerran tai kahdesti vuoden aikana koululla kokeissa, joissa katsotaan että ainakin perusasiat ovat hallussa. Huoltajan kannattaa kysyä koululta mitkä ovat minimivaatimukset ja mistä kyseiset tiedot ja taidot löytyvät.

Kunnalla ja koululla ei ole lain mukaan velvoitetta antaa koulukirjoja kotiopetukseen. Positiivisiakin kokemuksia on. Jotkut opettajat antavat auliisti kirjoja ja työvälineitä kotiin, vaikka huoltajat eivät olisi niitä edes kysyneet. Nykyään oppikirjoja ei välttämättä edes tarvita, koska on olemassa niin paljon erilaisia oppimispelejä ja internet on tietoa pullollaan. Taito- ja taideaineiden opiskelu onnistuu myös kotona. Liittymällä Suomen kotiopettajat ry:hyn pääsee internetin kautta osallistumaan heidän järjestämilleen opetusalustoille ja oppimisympäristöihin.

Kuntien, koulujen ja opettajien suhtautuminen kotiopetukseen vaihtelee suuresti. Jos asenne on negatiivinen, taustalla on usein pelko ja tietämättömyys. Pelätään kasvojen menetystä opetuksen järjestäjänä eikä tiedetä riittävästi kotiopetuksesta.

Jos kotiopetus aloitetaan siitä syystä että koulu ei ole lapselle sopiva tai turvallinen, neuvoni on, että asiasta ei kannata kysyä mielipidettä opettajalta eikä rehtorilta.

Koulun henkilökunta saattaa ottaa kotiopetusharkinnan henkilökohtaisena loukkauksena. Jos kyse on jatkuvasta ongelmasta koulussa, kehotan ensin keskustelemaan opettajan, rehtorin, koulupsykologin tai koulutoimenjohtajan kanssa ja etsimään ratkaisua ongelmaan. Jos ongelmaa ei voida tai haluta korjata koulussa ja se aiheuttaa lapselle psyykkisiä, fyysisiä tai psykosomaattisia oireita, suosittelen kotiopetuksen aloittamista. Kyse on elämän tärkeimmän ihmisen hyvinvoinnista. Liian monella on naiivi käsitys siitä, että koulu pystyy puuttumaan kaikkiin ongelmiinsa. Joskus on kyse jopa siitä, että koulussa ei haluta puuttua ongelmiin. Silloin on isien ja äitien oikeus ja velvollisuus puuttua asiaan ja huolehtia lapsensa hyvinvoinnista.

Oma lapsemme on kotiopetuksessa. Emme ole katuneet päätöstä päivääkään. Taustalla oli reilun kolmen vuoden ajan tyytymättömyyttä opetuksen järjestämistä kohtaan. Kävimme keskusteluja opettajan kanssa hyvässä hengessä, mutta silti aina jokin jäi vaivaamaan.

Lapsemme kärsi ajoittain koulupahoinvoinnista. Lopulta se oli niin merkittävää, ettei sitä voinut enää ohittaa. Kotiopetuksen alettua apaattisuus, ahdistus ja väsymys hävisivät pikkuhiljaa ja tilalle tuli iloinen, innostunut ja utelias lapsi.

Joitakin muutoksia, jotka olisivat auttaneet, ei voitu toteuttaa järjestelmän sääntöjen vuoksi. Elämme Byroslaviassa, joka kieltää sellaisetkin ratkaisut, jotka toisivat hyvinvointia oppilaille. Mellä oli myös ehdotus, joka olisi ymmärtääksemme voitu toteuttaa ja joka olisi poistanut suurimman ongelman, mutta sitä ei kuulemma voinut toteuttaa. Emme vielä tänä päivänäkään tiedä, eikö asiaa voitu vai haluttu muuttaa.

Tänä vuonna peruskoulun oppivelvollisuuden kotiopetuksessa opiskellut 16-vuotias suomalainen poika kirjoitti kymmenen laudaturia ylioppilaskokeissa. Hän pitää kotiopetusta hyvänä opiskelumuotona ja kertoo sen opettavan ottamaan vastuuta. Tämä historiallisen saavutuksen tehnyt nuorukainen tuntee paljon kotikoululaisia ja kokee heidän osaamistasonsa olevan keskimääräistä parempi verrattuna koulussa opiskeleviin.

Kotiopiskelun motiivit ovat moninaiset. Yleisiä syitä ovat pitkät koulumatkat, koulukiusaaminen, koulu-pahoinvointi, opetusmetodien huono taso, henkilökunnan huono taso, levoton luokka sekä opintojen liiallinen vaikeus tai helppous tai niiden yhdistelmä eli epätasainen kykyprofiili.

ELÄMÄNKOULU

Koulun poistaminen olisi huomattavasti pienempi uhka kuin sen säilyttäminen.

- Matti Bergström, lääkäri ja fysiologian emeritusprofessori -

Radikaalein ehdotus koulumuodoksi on elämänkoulu. Varsinainen koulu lakkautettaisiin kokonaan esimerkiksi kymmenen vuoden ajaksi. Tämän jälkeen katsottaisiin mitä vaikutuksia sillä on ollut. Testattaisiin ensin kuusivuotiaitten koko ikäryhmä, seuraavan kerran samat ihmiset kuusitoistavuotiaina ja lopuksi vielä esimerkiksi kolmekymmentävuotiaina. Katsottaisiin kuinka nämä ihmiset ovat kehittyneet elämän eri osa-alueilla. Ennustan, että huomaisimme mielenkiintoisia positiivisia vaikutuksia. Aivan varmasti tulokset osoittaisivat yllättäviä seikkoja, jotka eivät ole päässeet kehittymään peruskoulujärjestelmän puristuksessa, mutta jotka vapaudessa ovat puhjenneet kukkaan.

Toinen vaihtoehto on järjestää kaksi vertailuryhmää. Toinen ryhmä opiskelee peruskoulussa, toinen ryhmä elämänkoulussa. Samalla tavalla testattaisiin tietyn ikäisinä kaikki mahdollinen ihmisen kehityksestä. Näissä vertailuryhmissä täytyisi testata myös sellaiset asiat, jotka ovat ihmiselle oleellisen tärkeitä, mutta joita peruskoulu ei opeta eikä testaa, kuten onnellisuus, suvaitsevaisuus ja luovuus.

Nämä edellä mainitut ehdotukset ovat ihmiskokeita, mutta meillähän on parhaillaan menossa ihmiskoe nimeltä suomalainen peruskoulujärjestelmä. Vain vertailuryhmä puuttuu.

Koulu on ollut ihmiskunnan historiassa hyvin vähän aikaa ja sitä ennenkin ihmiset ovat oppineet.

Koulutuksen vapauttamista vaati jo neljäkymmentä vuotta sitten aikansa edelläkävijä Iván Illich. Vuonna 1971 ilmestyneessä teoksessaan Deschooling Society hän toteaa koulun turhaksi, koska joka tapauksessa ihminen saa suurimman osan tiedoista elämäänsä koulun ulkopuolelta. Hänen mielestään koko yhteiskunta tarvitsee poiskouluttautumista, koska koulu totuttaa asiantuntijavaltaan, jonka seurauksena ihmiset eivät enää luota omaan osaamiseensa. Koulun lakkauttamisen tilalle Illich ehdottaa samasta aiheesta kiinnostuneita ihmisiä kokoontumaan yhteen. Tällöin oma-aloitteinen oppiminen on mahdollista. Illichin mielestä koulujärjestelmä lamaannuttaa ja estää ihmistä kontrolloimasta omaa oppimistaan sekä estää itsenäistä pohdiskelua sitä enemmän, mitä pidempään ihminen on koulutuksen otteessa. Ei ole yhteensattumaa, että pienet lapset ovat uteliaita ennen kouluikää, mutta koulun alkamisen jälkeen elämän ihmettely katoaa. Leikki vaihtuu opettajien vaatimuksiin istua hiljaa paikoillaan.

RADIKAALI UUDISTUS

Suurissa asioissa ei pidä otaa pieniä askelia.

- Jean Francois de Retz -

Suomalaisista päätöksistä on viime vuosina puuttunut rohkeus. Peruskoulujärjestelmän suhteen se on puuttunut jo vuosikymmeniä. Radikaaleja muutoksia ei uskalleta tehdä. Uudistuksista hehkutetaan etukäteen ja kansa odottaa joka kerta suurta mullistusta. Lopputulos erityisesti peruskoulu-uudistusten suhteen on ollut aina pettymys. Ne ovat olleet suorastaan häpeällisiä, koska mistään uudistuksista ei voida edes puhua. Kaikki pienetkin muutokset on loppumetreillä peruttu.

Radikaalit muutokset edellyttävät aina riskinottoa. Sitä suomalaisilla tunnetusti ei ole. Pelkona on kasvojen menetys. Kulttuuristamme puuttuu epäonnistumisen hyväksyminen.

Monet ulkomailta Suomeen muuttaneista ovat todenneet, että suomalaisia vaivaa erityisesti liika varovaisuus. Täältä puuttuu rohkeus, riskinottokyky ja uuden kokeilu. Tämä ongelma korostuu erityisesti päätöksenteossa.

Uudet suunniteilla olevan opetussuunnitelman tavoitteet ovat ajattelu ja oppimaan oppiminen, kulttuurinen osaaminen, vuorovaikutus ja ilmaisu, itsestä huolehtiminen, arjen taidot, monilukutaito, tieto- ja viestintäteknologinen osaaminen, työelämätaidot, yrittäjyys, osallistuminen, vaikuttaminen ja kestävän tulevaisuuden rakentaminen.

Nämä ovat hyviä tavoitteita. Mikä tässä kuviossa on kuitenkin vikana? Uusi suunnitelma opettaa edelleen kloonijoukkoja. Monien vuosien tutkimustuloksia, oppimispsykologisia totuuksia ja oppilaan hyvinvoinnin ymmärrystä ei tässä suunnitelmassa ole vieläkään. Jo vuosikymmenten ajan ovat edelläkävijät ja asiantuntijat vaatineet päätöstä vapaavalintaisesta peruskoulujärjestelmästä. Se on ainoa tie vapauden, hyvinvoinnin, motivaation, lahjakkuden, luovuuden ja yksilöllisyyden kehittymiselle. Mutta sitä ei vieläkään haluta tehdä. Toisin sanoen uusikin suunnitelma on turha, koska oleellisinta muutosta siinä ei ole.

Toiseksi tämän muutoksen vastuu on kunnilla, kouluilla ja opettajilla. On mahdollista, että jotkut koulut eivät käytännössä muuta mitään. Tavoitteet ovat niin ympäripyöreitä, että esimerkiksi uutena tavoitteena mainittu ajattelu voi olla käytännössä mitä tahansa. Opettaja voi melkein minkä tahansa kohdan toteuttaa vanhalla tavalla ja väittää että kyllä tämä nyt on sitä osallistumista tai arjen taitoa, vaikka mikään ei olisi muuttunut.

Kolmen Ässän Suomi 2025 -visiossa elämme Suomessa, jossa ihmisellä on vapaus ja vastuu rakentaa omaa ja perheensä elämää, jossa pärjäämme vähemmällä säätelyllä, jossa luotamme toisiimme, jossa uudistamme ennakkoluulottomasti kokeiluja hyödyntäen sekä kannustamme uusiutumiseen, luovuuteen ja uteliaisuuteen.

Opetussuunnitelma syksylle 2016 ei ole ennakkoluulotonta uudistamista. Se on vanhan viilausta. Vanhaa on viilattu riittävän monta vuosikymmentä. Kansalaisia on viilattu linssiin jatkuvilla uudistuslupauksilla. Mikä tämän maan suunnittelijoita ja päättäjiä vaivaa? Eikö ole riittävästi rohkeutta vai tahtoa vai ymmärrystä vai ei mitään niistä?

Toivon, että Suomen hallitus on tosissaan ennakkoluulottomien uudistusten suhteen. Radikaali muutos voidaan tehdä jo nyt – jo syksyksi 2016. Ikuinen konsensus ja varovaisuus on johtanut joka kerta päätökseen, jossa mikään ei ole muuttunut. Toteutetaan kerrankin mielummin liian radikaali kuin liian laimea muutos.

Eduskunnan enemmistö tyrmäsi syksyn 2010 peruskoulu-uudistuksen. Ehdotukset eivät olleet kovin kummoisia alunperinkään, mutta silti kansa odotti vallankumouksellista muutosta. Sitten alkoi pikkuhiljaa tippua faktoja. Pari uutta oppiainetta ja enemmän valinnaisuutta. Suunta oli oikea, mutta muutoin samaa varovaista linjaa kuin edellisetkin vuosikymmenet. Opetusministeri kävi tiuhaan tahtiin kertomassa sadun uusimpia käänteitä, kunnes hän lopulta totesi nolona, että takista tuli tuluskukkaro. Mikään ei vieläkään muuttunut.

Minulla on paha aavistus, että kun elokuussa 2016 koululaisten pitäisi saada aloittaa täysin uudistetulla opetussuunnitelmalla, historia toistaa jälleen itseään.

Jos jossakin kunnassa tai koulussa haluttaisiin järjestää opiskelu aidosti oppilaiden ehdoilla ja ottaa käyttöön vapaavalintainen lukujärjestys, se olisi mahdotonta. Valtakunnallinen opetussuunnitelma kieltää sen. Näin ollen kunnat ja koulut eivät voi tarjota oppilaita palvelevaa opiskelua, vaikka haluaisivat. Uuden opetussuunnitelman 2016 suunnittelijat ja päättäjät ovat vastuussa siitä, palveleeko rakenne oppilaita vai ei. Tähänastinen suunnitelma ei palvele.

Nähtäväksi jää, toteutuuko Suomi 2025 -tavoite vai jääkö se pelkäksi liirumlaarumiksi.

Niin kauan kuin ei uskalleta tehdä radikaaleja muutoksia, joita koululaistemme hyvinvointi viimeistään nyt tarvitsee, peruskoulujärjestelmämme ei ansaitse arvostusta vaan halveksuntaa.

KYSEENALAISTA KOULUJÄRJESTELMÄ

Viisas päättelee itse, tyhmä seuraa yleistä mielipidettä.

- sananlasku -

Oleellisin muutos, jota peruskoulujärjestelmä kaipaa, on kyseenalaistaminen. Vallitsevia olosuhteita pidetään itsestäänselvinä. Tyypillinen ihminen ei juurikaan eroa eläimestä, joka kulkee lauman mukana. Kuljetaan vain sinne minne muutkin ja tehdään kaikki asiat niinkuin muutkin. Monen mieleen ei kertaakaan juolahda kysymys, että onko tämän pakko olla juuri näin ja että voisiko tämä olla toisin.

Kyseenalaistaminen on ensimmäinen askel. Sitä seuraa oivallus, että järjestelmä voisi toimia toisin. Oivallusta seuraa vaatimus muutokseen. Kun riittävän moni vaatii muutosta, se lopulta tapahtuu.

Muutos tapahtuu aina samalla tavalla. Edelläkävijät näkevät muutoksen tarpeen. Heidän näkemyksilleen nauretaan tai ne tuomitaan toteuttamiskelvottomina epärealistisina fantasioina. Ensin edelläkävijöitä on vähemmistö, mutta ennemmin tai myöhemmin heidän näkemyksistään tulee todellisuutta. Näin on aina ollut. Näin tulee aina olemaan. Emmekö vihdoin voisi oppia historiasta, että radikaaleja muutosehdotuksia vastaan ei kannata taistella, koska ne kuitenkin tulevat toteutumaan.

Peruskoulujärjestelmän ongelmaan radikaalia ratkaisua tarjoavat edelläkävijät ovat nyt vähemmistö. Heidän määränsä kuitenkin koko ajan lisääntyy.

Kun peruskoulujärjestelmää pohdiskelee sen ytimiä myöten, tajuaa, että se herättää enemmän kysymyksiä kuin vastauksia. On mielenkiintoista, että kaikkiin seuraaviin kysymyksiin eivät pysty vastaamaan edes opetuksen ammattilaiset.

Miksi meillä on oppivelvollisuus? Miksi meillä ei ole ainoastaan oppioikeutta?

Miksi yksilö ei saa itse valita mitä, miten ja milloin hän opiskelee?

Miksi pakotetaan opiskelemaan tiettyjä oppiaineita ja miksi tiettyjä tärkeitä asioita on jätetty pois opetussuunnitelmasta?

Onko oikein että järjestelmä ei kouluta yksilöitä vaan kloonijoukkoja?

Mikä on kloonijoukkojen opetuksen tavoite?

Mikä on peruskoulujärjestelmän todellinen tavoite?

Kuka loppujen lopuksi hyötyy yhdeksän vuotta työskennelleistä orjista, nöyristä muurahaisista?

Ovatko kyseenalaistavat yksilöt ja vielä enemmän kyseenalaistavat joukot uhka vallitseville instituutioille?

Miksi muita instituutioita, kuten kirkkoa ja armeijaa, kyseenalaistetaan sankoin joukoin mutta ei peruskoulua?

Miksi koululaisten huoltajat eivät kyseenalaista peruskoulujärjestelmää?

Miksi kirkosta ja armeijan reservistä saa erota, mutta ei oppivelvollisuudesta?

Miten on mahdollista, että tutkimusten mukaan suurin osa suomalaisista koululaisista kärsii koulupahoinvoinnista mutta silti suurin osa huoltajista pakottaa lapsensa kouluun?

Olisiko korkea aika ymmärtää että koulu tekee myös vahinkoa lapsillemme?

Olisiko jo aika lopettaa turha kiltteys sitä instituutiota kohtaan, joka vielä nauttii perusteetonta kunnioitusta?

Miksi oppivelvollisuus on pakollinen ikävuosien 7-16 aikana? Miksi oppivelvollisuus ei ole esimerkiksi ikävuosien 16-25 aikana? Miksi oppivelvollisuuden ajankohtaa ei saa itse valita?

Kyseinen ikäryhmä on valittu siksi, että manipulointi lapsuuden aikana on tehokkainta. Tutkimusten mukaan asenne, joka lapsuudessa muodostuu itsestä, säilyy pääsääntöisesti koko loppuelämän. Nyt ihminen omaksuu lapsena kuuliaisen orjan roolin yhteiskuntaa kohtaan ja näin ollen asenteen säilyessä kansasta ei ole vaaraa yhteiskunnan rakenteitten horjuttamiseen. Kun kaikkien sukupolvien kaikki kansalaiset mankeloidaan koululaitoksen kymmenvuotisen aivopesun läpi, kansaa on helppo hallita. Kaikki ajattelevat maailmasta suunnilleen samalla tavalla. Ketään ei ole opetettu kyseenalaistamaan. Kansa on nöyrä ja harmiton. Onhan sille iskostunut jo koululaitoksessa, että jos ei tottele, niin seuraa rangaistus. Pelko – mikä loistavan ovela keino hallita lapsia ja sitä myöten koko kansaa.

Oppivelvollisuuden suorittamisen ikää ei saa valita itse siksi, että aikuinen oppivelvollinen osaa kysyä, kyseenalaistaa ja kieltäytyä tehokkaammin kuin lapsi. Jos olisi ensin saanut elää lapsuutensa vapaudessa, olisi todennäköisesti oivaltanut sellaisia asioita elämästä, jotka kyseenalaistavat liikaa koulujärjestelmää.

Suunnitteilla olevan uuden opetussuunnitelman tavoitteissa ei mainita kyseenalaistamisen taitoa, vaikka se on oleellisin taito kaiken uuden luomiseen. Miksi se ei ole tavoitteena? Siksi että maahamme ei haluta yhä kasvavaa joukkoa kansalaisia, jotka osaavat kyseenalaistaa yhteiskuntamme vääryydet.

Kysymyslistasta vastasin ainoastaan kolmeen viimeiseen kysymykseen. Loput jätän lukijan pohdittavaksi.

KYSEENALAISTA AJAN HENKI

Mies meni hakemaan mestarilta vapautta. Mestari pyysi miestä selvittämään kuka hänet on kahlinnut. Mies palasi viikon kuluttua kertoen, että kukaan ei ole kahlinnut häntä. Mestari kysyi häneltä: mistä sinä sitten haluat vapautua? - Anthony de Mello -

Tämä tarina tiivistää ajan henkemme. Me olemme kahlinneet itsemme. Pakotamme itsemme elämään tietyssä muotissa, vaikka vaihtoehtoja on olemassa. Kukaan ei ole kahlinnut meitä. Kukaan ei pakota ase ohimolla tekemään tiettyjä valintoja. Paitsi me itse.

Käyttämämme retoriikkakin kertoo kuinka elämme pakon illuusiossa. Kun joku väittää että hänen on pakko mennä töihin, niin kuka hänet sinne pakottaa? Pakottaako oikein hengen uhalla? Ainoastaan henkilö itse pakottaa itsensä. Hänen sanavalintansa kuulostaa kuitenkin siltä kuin hänellä ei olisi mitään mahdollisuutta vaikuttaa asiaan. Poliitikoilta kuulemme, että kipeitä leikkauksia on pakko tehdä. Väärin. Niitä joko halutaan tai ei haluta tehdä. Lapselle ei ole pakko antaa ruokaa. Joko haluan tai en halua antaa lapselle ruokaa. Kummallakin tahdolla on seurauksensa ja niiden perusteella teemme valintamme. Emme pakosta, vaan tahdosta ja valinnan vapaudesta.

Ihmiset elävät mahdollisimman samanlaista elämää kuin muutkin, jotta eivät menettäisi muiden hyväksyntää. Tyypillisellä suomalaisella on pelko mitä muut hänestä ajattelevat. Hyväksyvätkö ihmiset varmasti minut, lapseni, kotini, elämäntapani, ajatukseni? On surullista huomata että ihmiset, jotka haluaisivat, eivät uskalla hypätä laatikon ulkopuolelle. Liian moni pelkää mitä muut ajattelevat. Sen pelon kanssahan kannattaa elää hautaan asti. Pelkomme elämää kohtaan on yhtä absurdia kuin kalalla joka pelkää hukkuvansa. Mutta niin moni meistä elää.

Antti Nylén kritisoi ajatteluamme, joka näyttää menevän niin että kaikki mitä enemmistö tekee, on normaalia ja normaali on oikein. Se ei ole totta. Usein normaalius on haitallista. Siihen kuitenkin pyritään, koska jos poikkeaa liikaa enemmistöstä, seurauksena on paheksuntaa. Normin mukainen käyttäytyminen on Nylénin mielestä halveksittavaa, sillä se kutistaa omaa ajattelua.

Tarvitsemme Jeesuksen anarkistisessa hengessä tapahtuvaa uudistusta, jossa tuhotaan vanha laki ja luodaan uusi. Jeesus sanoi aikoinaan tulleensa tuhoamaan kaiken vanhan, jotta jotakin uutta voisi tulla tilalle. Ihmiset oli kuitenkin niin manipuloitu pitämään vallitsevia olosuhteita oikeina, että Jeesus koettiin oman aikansa anarkistina. Tulevaisuudessa elämme tämän päivän anarkistien viitoittamaa tietä. Historia toistaa aina itseään, mutta edelläkävijöiden suhteen se aina unohdetaan. Edelläkävijöiden tragedia on siinä, että kun he omana aikanaan esittävät uudenlaisia näkemyksiä, heille nauretaan tai heidät tuomitaan, mutta jälkikäteen heitä ylistetään.

Kun kuolinvuoteella olevilta ihmisiltä kysyttiin, mitä he eniten katuivat elämässään, lähes kaikki kertoivat katuvansa että olivat tehneet liikaa töitä ja viettäneet liian vähän aikaa läheistensä kanssa.

KYSEENALAISTA POLITIIKKA

Ota valta pois niiden käsistä jotka kuitenkaan eivät ymmärrä. Älä kumarra niiden patsaita, joiden tuottamat on sun ongelmat. - Apulanta -

Suomessa monet tahot ovat todenneet, että suurin ongelmamme tällä hetkellä ovat väärät arvot. Päätösten taustalla ovat aina arvot eli se mitä oikeasti halutaan. Nyt hallitus on päätöksillään osoittanut, että lapsien hyvinvointi ei ole sille tärkeä, vaikka laissa on määrätty, että lapsen etu on asetettava kaiken muun edelle.

Lastensuojelujärjestöt ovat todenneet, että Suomen poliittisen eliitin arvot ovat kylmät ja kovat. Lasten hyvinvointi ei tule esille puheissa eikä päätöksissä. He varoittavan tämän asenteen tarttuvan myös kansalaisiin. Myös opettajien ammattijärjestön puheenjohtaja toteaa hallituksen harkitun arvovalinnan osoittavan, että se haluaa poistaa suojakehikon nimenomaan lapsilta. Hän kirjoittaa, että Suomi kulkee eri suuntaan kuin muu Eurooppa ja osoittaa että lapset ovat vain ekomiaa.

Kasvatustieteen ja filosofian maisteri Marita Kilpimaa toteaa, että päättäjien keskuudessa vallitsee niin sanottu rakenteellinen välinpitämättömyys. Tämä termi kuvaa yhteiskuntapolitiikassa vallitsevaa ristiriitaa: huoli lapsesta on yleistä, mutta mahdollisuudet tukea lapsia vesitetään poliittisilla päätöksillä.

Poliitikot ovat viime vuosina puhuneet ainoastaan rahaan liittyvistä asioista. Näin he ovat antaneet kansalaisille viestin, että ainoastaan rahalla on merkitystä elämässä. Jos he asettaisivat lapsen hyvinvoinnin etusijalle, he puhuisivat kansalle säännöllisesti asioista, jotka antavat viestin tästä arvosta. Heillä olisi valtaa puhua meille kaikkein tärkeimmästä eli lasten hyvinvointia koskevista ajatuksistaan, mutta tällaista puhetta emme ole saaneet kertaakaan kuulla. Suomen poliittinen eliitti on myös

Suomen henkisen ilmapiirin luoja. Nyt he antavat viestin, että lapsista ei tarvitse välittää, vaan elämän täytyy pyöriä ainoastaan rahan ympärillä.

Pahimmillaan samat ihmiset ihmettelevät lisääntyviä sosiaalimenoja ja mielenterveysongelmia eivätkä tajua että ne ovat seurausta heidän omista poliittisista päätöksistään ja luomastaan ilmapiiristä.

Me olemme liian kiltti kansa. Elämme nöyrästi sellaistenkin päätösten kanssa, joita pidämme epäoikeudenmukaisina.

Elämme maassa, jossa lapset, koulut ja päiväkodit eivät saa lisärahoitusta. Kerrotaan, että nämä kipeät päätökset on vain hyväksyttävä. Hallituksen viesti suomalaisille on: älkää tehkö lisää lapsia, koska ne ovat ainoastaan ikävä lisärasite budjetissamme.

Elämme maassa, johon sen sijaan hankitaan 10 miljardilla eurolla hävittäjiä ja sota-aluksia, vaikka vanhimmatkin hornetit toimivat vielä vuoteen 2025 saakka. Elämme maassa, jossa kilpailukyvyn kasvu rikastuttaa vain harvoja, jossa taloudellisella ja poliittisella eliitillä on läheinen suhde, jossa tuloerot ovat kasvaneet nopeiten koko maailmassa, jossa pankit saavat luoda rahaa tyhjästä ja ottaa lainatusta rahasta korkoa, jossa poliitikot ovat pettäneet lupauksensa, jossa kapitalismin sääntöjen mukaisesti ensijainen tavoite on taloudellisen voiton kasvu ja toissijainen tavoite on ihmisten hyvinvointi ja jossa annamme miljardeja euroja eu-kriisin velkojille eli eurooppalaisille pankeille.

Moni hokee mantraa, että Suomi on hyvä maa. Kenen kannalta? Maa, jossa on kaiken edellä mainitun lisäksi itsemurhia, väkivaltaa, mielenterveysongelmia, päihdeongelmia, koulupahoinvointia, lastensuojelu-rikoksia sekä menestys- ja suorituspaineita, on psyykkisesti turvaton maa. Se on maa, joka on joillekin hyvä ja joillekin paha.

Tulevaisuuden lapset kysyvät, onko joskus oikeasti eletty nin valheellista aikaa, että päättäjät ovat vannoneet lasten olevan tärkeintä koko yhteiskunnassa, mutta päätöksillään osoittaneet olevansa valehtelijoita. Tekniikan tohtori Eero Paloheimoa lainaten voitte vain kuvitella millainen tulee olemaan lastemme ja lastenlastemme tuomio nykyistä yhteiskuntaa ja sukupolvemme päättäjiä kohtaan.

Maailman kärsimykset eivät lopu siksi, että niitä ei voida lopettaa, vaan siksi että niitä ei haluta lopettaa. Elämme maailmassa, jossa poliitikot ovat rikkaimman vähemmistön marionettinukkeja. He pyörittävät tätä maailmaa ja köyhä kansa mietti että mikä tässä kuviossa oikein mättää. Suuryritysten ja pankkien omistajat ovat saaneet poliitikot muuttamaan lakeja edukseen ja tekevät sitä edelleen ympäri maailmaa. Tämä on viime kädessä ahneudesta sairaiden ihmisten hallitsema maailma.

Me olemme hyväksyneet kaiken tämän siksi, että emme tiedä ulospääsyä. Koemme että emme voi tehdä mitään, mikä on absurdi ajatus siihen nähden, että me tavalliset ihmiset olemme enemmistö verrattuna meitä hallitsevaan pieneen vähemmistöön. Jos kaikki kansat tai edes yksi kansa päättäisi yhdessä laittaa maan sekaisin, se pystyisi siihen, koska vähemmistöllä ei olisi resursseja taistella valtavaa volyymia vastaan.

Ennustan, että pinnan alla kytevä passiivinen aggressio järjestelmää kohtaan valitettavasti puhkeaa vielä jonain päivänä Suomessakin aktiiviseksi aggressioksi. Sinä päivänä, kun kansan sietokyky ylittyy ja rohkeita ihmisiä on rittävästi, alkaa anarkia. Silloin alkavat vanhat järjestelmät luhistua ja uudet syntyä.

Anarkia on kuitenkin vältettävissä sillä, että tehdään ajoissa oikeudenmukaisia ja rohkeita muutoksia.

ROHKEAT HUOLTAJAT

Epäröinnin hetkellä kysy kuinka paljon rohkeutta uskallat tänään jättää käyttämättä. - Tommy Tabermann -

Koululaisten huoltajilla on oikeus selvittää onko kunta huolehtinut velvollisuuksistaan eli järjestänyt lapsille laadukasta opetusta.

Jos kunta tai koulu ei toteuta velvollisuuksiaan, ei silloin myöskään huoltajien ja oppilaiden tarvitse toteuttaa omia velvollisuuksiaan. Mielestäni suomalaiset huoltajat ovat pääsääntöisesti olleet liian kilttejä peruskoulujärjestelmää kohtaan. Terve kapinallisuus viimeistään nyt on paikallaan. Kyse on tärkeimmästä ihmisestä eli omasta lapsesta.

Ihmisoikeuksien yleismaailmallisen julistuksen 26. artikla määrää, että opetuksen on pyrittävä ihmisen persoonallisuuden täyteen kehittämiseen ja että vanhemmilla on ensisijainen oikeus valita heidän lapsilleen annettavan opetuksen laatu.

Nykyinen ja suunnitteilla oleva opetussuunnitelma eivät pysty täyttämään vaatimusta persoonallisuuden täydestä kehittymisestä. Tämä tavoite voi toteutua ainoastaan vapaavalintaisen oppimisjärjestelmän kautta.

Jos velvoitteet ja oikeudet eivät täsmää, on huoltajilla oikeus vaatia korjausta. Jos vaatimuksiin ei suostuta koulu- ja kuntatasolla, kehotan ottamaan asian esille mediassa, verkostoitumaan muiden huoltajien kanssa, lähettämään valituksia ja uusia ehdotuksia eteenpäin tai harkitsemaan kotiopetuksen aloittamista. Yksi jykevä keino yhdessä muiden huoltajien kanssa on ilmoittaa koululle, että lapset osallistuvat koulun opetukseen vasta sitten kun kunta tai koulu on ongelman korjannut. Tätä keinoa kehotan käyttämään varsinkin silloin, kun kysymys on oppilaan hyvinvoinnista.

Opetustoimen ylitarkastaja Kari Lehtola ja lakimies Esko Lukkarinen ihmettelevät, että vaikka lain mukaan lapsen etua on puntaroitava kaikessa päätöksenteossa, silti lasta ei lueta asianomaiseksi koulupäätöksissä. He huomauttavat, että kunnilta on säästövimmassa unohtunut sekä perustuslaki että lapsen oikeudet. He toteavat, että jos aikuiset lykättäisiin vastaaviin tilanteisiin kuin koululaiset, nousisi kapina. Kuntien lyhytnäköisille päättäjille he lähettävät konkreettisia terveisiä: peruskoululainen maksaa kunnalle 8700 euroa vuodessa, syrjäytynyt lapsi satojatuhansia euroja. Näin ollen laadukas koulutuspolitiikka on samalla myös sosiaali- ja terveyspolitiikkaa.

Kun miettii miten suuren osan koulu muodostaa lapsen elämästä, on ihme kuinka vähän huoltajat tietävät koulun arkitodellisuudesta ja kuinka vähän he konkreettisesti osallistuvat oppituntien seuraamiseen. Onko kyse välinpitämättömyydestä vai tietämättömyydestä? Huoltajilla on oikeus mennä seuraamaan oppitunteja milloin tahansa. Koulun toiminta on julkista ja avointa kaikille. Tähän faktaan nähden olen suorastaan ällistynyt kuinka vähän huoltajat tätä oikeutta käyttävät. Moni käy kyllä vanhempainillassa ja joulujuhlassa, mutta eiväthän nämä anna minkäänlaista käsitystä koulun todellisuudesta. Turhaan huoltajat ostavat pääsylippua sirkukseen tai teatteriin, kun niitä pääsee katsomaan oppitunneille ihan ilmaiseksi. Huomattavasti silmiä avaavampaa on käyttää edes se kaksi tuntia mielummin oppituntien kuin joulujuhlan seuraamiseen.

Kehotan jokaista äitiä ja isää perusteelliseen keskusteluun peruskoulua käyvän lapsensa kanssa. Keskustelussa esimerkiksi kerran kuukaudessa istutaan kaikessa rauhassa koululaisen vastauksia ja tunteita kuunnellen. Lapseltaan voi kysyä esimerkiksi mikä koulussa on kivaa, mikä koulussa ahdistaa tai tuntuu huonolta, mitä lapsi rehellisesti ajattelee opettajistaan, koulukavereistaan ja opiskeltavista asioista, haluaako lapsi mennä kouluun ja jos ei, niin miksi.

Jos lapsi keskustelujen ja ylipäänsä arkielämän perusteella vaikuttaa viihtyvän koulussa ja kotona, niin hienoa. Joillekin oppilaille käy niin hyvin, että oppilas saa ihanan opettajan, koulussa on hyvä rehtori ja turvallinen ilmapiiri sekä oppilaan persoona, lahjat ja motivaatio sopivat nykyiseen järjestelmään.

Huoltajien kannatta kuitenkin tiedostaa se tosiasia, että tällä hetkellä enemmän kuin puolet koululaisista kärsii koulupahoinvoinnista. Sen oireet ovat hyvin moninaiset lapsesta riippuen. Se näkyy kotona tai koulussa tai molemmisssa käytöksen ja tunteiden muuttumisena. Se voi olla esimerkiksi apatiaa, masennusta, vihaa, aggressiota, koulun vihaamista, koulun pelkoa, stressiä, uupumusta tai psykosomaattisia oireita. Silloin kun huoltajat tietävät tai olettavat, että muutos ei johdu kotiasioista, on keskustelun aika. Jos keskustelussa ilmenee että lapsella tai nuorella on ongelmia koulussa, kannattaa ensimmäisenä muistaa, että vika ei ole lapsen, vaan koulun. Myös Uusi koulutus -foorumin asiantuntijat toteavat että kouluongelmien vika ei ole oppilaan, vaan koulun.

Jos huoltajat ovat varmoja, että ongelma ei ole perheen vaan koulun aiheuttama, kannattaa rohkeasti joka käänteessä muistuttaa järjestelmän vastuusta. Koska järjestelmä pakottaa oppivelvollisuuteen, se on myös vastuussa aiheuttamistaan ongelmista.

Yhteiskunnassamme on järjestelmä, joka aiheuttaa lapsillemme pahoinvointia, mutta silti se pakottaa lapsemme osallistumaan siihen. Tätä sairasta järjestelmää pidämme itsestäänselvänä.

Lääkäri Antti Heikkilä kannustaa kansalaistottelemattomuuteen. Hän sanoi, että jos 10 ihmistä osallistuu, heidät voidaan viedä vankilaan, mutta jos 10 000 osallistuu, niin systeemi pysähtyy. Tämä on sentään maa, jossa kukaan ei joudu vankilaan, vaikka ei lastaan kouluun laittaisikaan.

Jos järjestelmä ei kunnioita kansalaisia, ei kansalaistenkaan tarvitse kunnioittaa järjestelmää.

MITÄ YKSI IHMINEN VOI TEHDÄ?

Sinun on oltava muutos, jonka haluat nähdä maailmassa.

- Mahatma Gandhi -

Kyseenalaista.

Kysy miksi.

Ole rohkea.

Rohkaise muita.

Ole muutos.

Vaadi muutosta.

Uskalla tehdä uudella tavalla.

Mieti mitä haluat ja et halua itsellesi ja lapsellesi.

Lopeta se mikä aiheuttaa pahoinvointia itsellesi tai lapsellesi.

Liity samoin ajatteleviin.

Vaikuta. Kirjoita. Puhu.

Puolusta yksilöä järjestelmää vastaan.

Jo tänään.

LOPUKSI

Tämä tie meidät kaataa,
ei voi jatkaa, ei voi olla näin.
Sen on tultava loppuun,
nyt on aika viimeiseen tiimaan.

Tähän päättyy paljon hyvää,
paljon kaunista,
jonka raajat kuolleet on,
tän täytyy mennä näin.

Vaikka tahtoisin kieltää,
koittaa säilyttää,
mutta tiedän et on turhaa
armoo viivyttää.

- Apulanta -

Toivon, että tämä kirja on avannut silmäsi sille, että suomalaisen peruskoulujärjestelmän tie ei voi enää jatkua näin. Armoa on turha viivyttää.

On tullut aika hajottaa Suomen peruskoulujärjestelmä ja rakentaa se kokonaan uudelleen.

Maarit Sirén

Koulutus: kasvatustieteiden ja filosofian maisteri.

Työkokemus: opettaja, teatteriohjaaja, omaishoitaja, toimittaja.

Harrastukset: metsänhoito, maalaaminen, lukeminen, kirjoittaminen, pohdiskelu, keskustelu.